BEI GRIN MACHT SIC
WISSEN BEZAHLT

- Wir veröffentlichen Ihre Hausarbeit,
  Bachelor- und Masterarbeit

- Ihr eigenes eBook und Buch -
  weltweit in allen wichtigen Shops

- Verdienen Sie an jedem Verkauf

Jetzt bei www.GRIN.com hochladen
und kostenlos publizieren

Bibliografische Information der Deutschen Nationalbibliothek:

Die Deutsche Bibliothek verzeichnet diese Publikation in der Deutschen National-
bibliografie; detaillierte bibliografische Daten sind im Internet über http://dnb.d-
nb.de/ abrufbar.

Impressum:

Copyright © 2009 GRIN Verlag, Open Publishing GmbH
Druck und Bindung: Books on Demand GmbH, Norderstedt Germany
ISBN: 9783640546183

Dieses Buch bei GRIN:

http://www.grin.com/de/e-book/143112/loganalysis-tools-fuer-datamining-in-logfiles

Dominic Hurm

Loganalysis Tools für Datamining in Logfiles

GRIN Verlag

GRIN - Your knowledge has value

Der GRIN Verlag publiziert seit 1998 wissenschaftliche Arbeiten von Studenten, Hochschullehrern und anderen Akademikern als eBook und gedrucktes Buch. Die Verlagswebsite www.grin.com ist die ideale Plattform zur Veröffentlichung von Hausarbeiten, Abschlussarbeiten, wissenschaftlichen Aufsätzen, Dissertationen und Fachbüchern.

Besuchen Sie uns im Internet:

http://www.grin.com/

http://www.facebook.com/grincom

http://www.twitter.com/grin_com

Seminararbeit

zum Thema

Loganalysis Tools

im Wahlpflichtfach

Dataminig für die IT-Sicherheit

Inhaltsverzeichnis

Begriffsbestimmung

Logdatei

Eine Logdatei (engl. log file) ist ein automatisch erstelltes Protokoll aller Vorgänge von Prozessen auf einem Computer in einem bestimmten Zeitraum.

In unserem speziellen Fall, sind die Informationen von Belang in Verbindungs-Logdateien, welche von IDS[1], Firewalls und anderen IS-Systemen[2] erzeugt werden. Diese Art von Logdateien beinhaltet zusätzlich den Absender (IP-Adresse), Protokoll, Ports und zusätzliche Nachrichten bzw. Informationen.

Loganalyse

Als Loganalyse (engl. loganalysis) bezeichnet man den Versuch, über regelbasierte Systeme, Abhängigkeiten und Auffälligkeiten in einer Logdatei zu filtern, diese zu bewerten und auszugeben.

Durch diese Filterung lassen sich Vorkommnisse die nicht als „normal" gelten finden und der Administrator kann dann Entscheiden, ob hier ein Angriff stattgefunden hat oder nicht.

- Loganalyse ist einer der am wenigsten beachteten Aspekte von Einbruchserkennung. Heutzutage hat jeder Desktop ein Antivirusprogramm, Firmen mit mehreren Firewalls und selbst Endbenutzer kaufen die neuesten Security Tools. Doch wer überwacht die Mengen an Informationen welche die Programme generieren. Noch schlimmer, wer überwacht die Authentifizierungslogs von Email- und Webservern?

Eine Vielzahl von Angriffen hätte nie stattgefunden(oder hätte früher gestoppt werden können) wenn Administratoren sich um die Überwachung Ihrer Logdateien gekümmert hätten. - (Cid)

Da es verschiedene Arten der Loganalyse gibt, so zum Beispiel Firewall-Loganalyse, Webserver-Loganalyse, FTP-Loganalyse usw., konzentriert sich diese Ausarbeitung auf Firewall-Loganalyse im Kontext von IT-Sicherheit.

---

[1] „Intrusion Detection System" – Einbruch Erkennungs Software
[2] „ "

Loganalyse - Werkzeuge

Um herauszufinden welche Loganalyse-Werkzeuge es gibt und welche Funktionalitäten sie besitzen, wurde eine Auswahl der Pakete in OSSIM[3] und das Internet als Quellen herangezogen. Die Suche ergab folgende Treffer (Auswahl der Wichtigsten):

- SnortALog
- Fwlogwatch
- ACID
- Logcheck   (Verweis auf Peter Fast,HS-Karlsruhe)
- Logwatch   (Verweis auf Peter Fast,HS-Karlsruhe)

Testumgebung

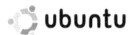 Damit die Tools auch getestet werden können, und nicht nur theoretisch erörtert werden müssen, wurde eine virtuelle Maschine mit Ubuntu[4] 9.04 und ein Kernel der Version 2.6.28 verwendet.

Zusätzlich wurde noch Snort[5] in der Version 2.8.4.1 installiert und konfiguriert um überhaupt Logfiles, aufgrund von Firewallaktivitäten, erzeugen zu können. Die Installation von Snort kann über sudo apt-get install snort gestartet werden. Die Konfiguration jedoch erweist sich ein wenig komplexer und soll nicht Teil der Ausarbeitung werden.

Weiterführender Link zum Thema Snort Konfiguration: http://www.pro-linux.de/work/snort

Testaufbau

Zu Testen wurde zunächst ein Portscan durchgeführt um die Reaktion der Firewall zu testen (Testweise wurden der HTTP und der SMTP Port geöffnet um überhaupt eine Reaktion der Firewall zu provozieren).

Die erzeugten Logfiles wurden dann verwendet, um die Loganalyseprogramme damit zu testen.

---

[3] Open Source Security Information System http://www.ossim.net/
[4] Ubuntu http://www.ubuntu.com , freie Linuxdistribution
[5] Snort http://www.snort.org , Intrusion Detection System für Unix und Windows

Ausarbeitung zum Thema Loganalysis Tools – Datamining für die IT-Sicherheit
SSe 2009 – Dominic Hurm

Portscanner (MacOsX)

Die Reaktion Snort war ein Eintrag in das Alertfile:

```
[**] [122:1:0] (portscan) TCP Portscan [**]
[Priority: 3]
06/10-10:01:24.489098 10.211.55.2 -> 10.211.55.8
PROTO:255 TTL:0 TOS:0x0 ID:0 IpLen:20 DgmLen:154 DF
```

Portscaneintrag im Snort-Alterfile

Nach dem Portscann, wurden Mithilfe des Metasploit Frameworks[6], ein Framework für Pentesting und IDStesting, diverse HTTP und SMTP Angriffe durchgeführt. Ein HTTP Angriff führte bei Snort zu folgendem Alertfile-Eintrag:

```
[**] [1:100000122:1] COMMUNITY WEB-MISC mod_jrun overflow attempt [**]
[Classification: Web Application Attack] [Priority: 1]
06/10-09:46:05.679146 10.211.55.3:2335 -> 10.211.55.8:80
TCP TTL:128 TOS:0x0 ID:34476 IpLen:20 DgmLen:1100 DF
***AP*** Seq: 0x3A6A73E2  Ack: 0x27E62914  Win: 0x8000  TcpLen: 20
[Xref => http://cve.mitre.org/cgi-bin/cvename.cgi?name=2004-0646][Xref => http://www.securityfocus.com/bid/11245]
```

Web Applic. Attak im Snort Alertlog

Natürlich hat das Alertfile von Snort aus mehreren Logintägen bestanden, die aber den Umfang hier sprengen würden (Anhang 1).

Dieser Versuchsaufbau hatte zur Folge, dass die dynamischen Funktionalitäten(z.B. aktive Reaktion auf Angriffe) der Programme nicht getestet werden können, wohl aber die statischen(z.B. Erzeugung von Zusammenfassungen).

---

[6] http://www.metasploit.com

Grafische Darstellung Testaufbau

Angreifer

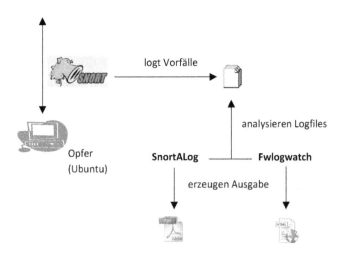

Opfer
(Ubuntu)

logt Vorfälle

analysieren Logfiles

SnortALog ———— Fwlogwatch

erzeugen Ausgabe

SnortALog

Allgemein

SnortALog ist ein Tool, welches Zusammenfassungen von Logdateien erstellt, um das Anzeigen von Netzwerkangriffen, welche von IDS erkannt wurden, zu erleichtern. Es erstellt Charts in HTML, PDF und Plain-Text. Es arbeitet mit allen Versionen von Snort und kann 3 verschiedene Formate analysieren: syslog, fast und full snort alerts.

Homepage des Projekts: http://jeremy.chartier.free.fr/snortalog/

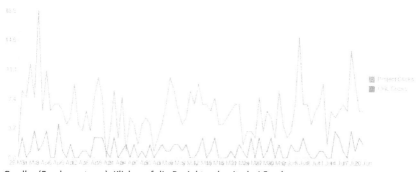

Quelle: (Freshmeat.org), Klicks auf die Projektwebseite bei Freshmeat

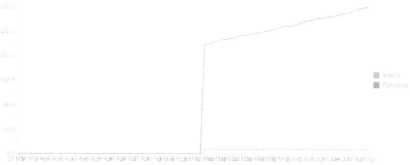

Quelle: (Freshmeat.org), Popularität und Dynamik

Installation

SnortALog ist sowohl für Unix als auch für Windowssysteme unter GNU/GPL verfügbar. Es gibt keine eigentliche Installation, sondern SnortALog ist ein Perl Skript, dass jedes mal, wenn eine Ausgabe erzeugt werden soll, manuell oder mit Hilfe eines Skriptes, gestartet werden muss.

Die Installation lässt sich eher als Vorbereitung beschreiben, denn SnortALog ist, wenn der volle Funktionsumfang genutzt werden soll, von einer Vielzahl von anderen Paketen und Libraries abhängig.

Wie bereits erwähnt ist SnortALog ein Perlskript, womit klar ist, dass eine Perlinstallation auf jeden Fall verfügbar sein muss.
Nachfolgend sollen nun die benötigten Pakete[7], um alle SnortALog Funktionen nutzen zu können, aufgelistet werden (CHARTIER, 2004):

Natürlich wird ein stable Build von SnortALog benötigt. Die aktuelle Version (Stand: 11.07.2009) ist V.2.4.2

Für das Erzeugen von grafisch aufbereiteten Ausgaben, müssen die Pakete

- gd-2.0.11.tar.gz (PNG and JPG Format)
- GDGraph-1.39.tar.gz
- GDTextUtil-0.85.tar.gz

Installiert werden.

Zum Erzeugen von HTML Dokumenten werden die Pakete

- htmldoc-1.8.23-source.tar.gz
- HTML-HTMLDoc-0.07.tar.gz

benötigt.

SnortALog bietet zusätzlich auch eine GUI an. Diese kann mit den Paketen

- Tk-800.024.tar.gz
- perl-Tk-800.024-2.i386.rpm

bereitgestellt werden.

---

[7] Download der Pakete unter, http://jeremy.chartier.free.fr/snortalog/download.html

Konfiguration

Eine Konfiguration von SnortALog ist nicht notwendig. Außer das Erstellen von Grafiken und PDF's muss in der Konfigurationsdatei aktiviert werden. Dies ist aber ausführlich in der Dokumentation erklärt.

Funktionsweise

SnortALog lässt sich nun über die Kommandozeile starten. Je nach dem was man für einen Report möchte, lassen sich verschiedene Parameter benutzen. Im Nachfolgenden sind einige Anwendungsbeispiele gegeben:

1# cat file.logs | ./snortalog.pl -r -i -o file.html –report
SnortALog erzeugt ein HTML Dokument welches unter file.html gespeichert wird.

2# cat file.logs | ./snortalog.pl -r -g gif -o /tmp/file.html –report
Das gleiche wie oben mit grafischen Elementen.

3# cat file.logs | ./snortalog.pl -o file.pdf –report
SnortALog erzeugt ein PDF Dokument, welches unter file.html gespeichert wird.

Die Ausgabe des Tests #2 befindet sich im Anhang. (Anhang 2)

Wenn man sich für die Installation der grafischen Oberfläche entscheidet, kann man das ganze etwas bequemer (ohne Konsole) machen.

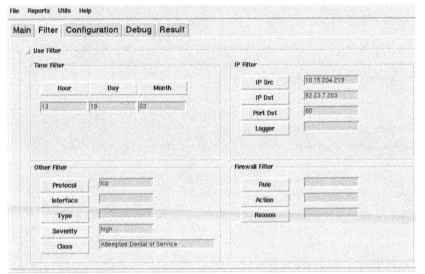

(Softpedia) GUI von SnortALog 1

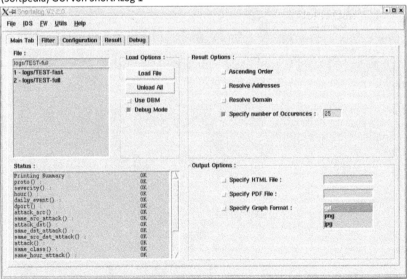

(Softpedia) GUI von SnortALog 2
Ausarbeitung zum Thema Loganalysis Tools – Datamining für die IT-Sicherheit
SSe 2009 – Dominic Hurm

Fwlogwatch

Allgemein

„Fwlogwatch erzeugt Zusammenfassungen von Snort-Logs, ipchains, netfilter/iptables, ipfilter, Cisco IOS und Cisco PIX Log-Dateien in Text- und HTML-Form und besitzt eine Menge von Optionen, um relevante Muster in Verbindungsversuchen zu finden und anzuzeigen. Mit den gefundenen Daten kann es anpassbare Berichte, über Zwischenfälle, aus einem Muster generieren und diese an Missbrauchs-Kontakte betroffener Rechner oder CERT-Koordinierungszentren senden. Letztendlich kann es auch als Dämon laufen und Auffälligkeiten berichten oder Gegenmaßnahmen, in Form von Emailbenachrichtigungen versenden, Skripte ausführen oder sogar die Firewall Regeln anpassen, starten. „ (angepasst von Debian Packages)

Fwlogwatch wurde von Boris Wesslowski in C Entwickelt und steht unter GNU/GPL zur Verfügung. (Wessolowski)

Homepage des Projekts: http://fwlogwatch.inside-security.de/

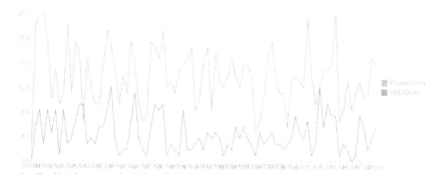

Quelle: (Freshmeat.org), Klicks auf die Projektwebseite bei Freshmeat

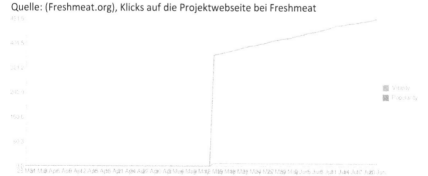

Quelle: (Freshmeat.org), Popularität und Dynamik

Ausarbeitung zum Thema Loganalysis Tools – Datamining für die IT-Sicherheit
SSe 2009 – Dominic Hurm

Hochschule Karlsruhe – Technik und Wirtschaft

Fwlogwatch ist auf allen Unix basierenden Betriebssystemen lauffähig. Die Installation gestaltet sich folgendermaßen:

Zuerst muss Fwlogwatch heruntergeladen und installiert werden. In Ubuntu kann mit einem einfachen Konsolenaufruf, der integrierte Linuxupdater (Apptitude) gestartet und die benötigten Pakete heruntergeladen und installiert werden: sudo apt-get install fwlogwatch

Konfiguration

Fwlogwatch unterstützt 3 verschiedene Modi (Spenneberg, 2006):

- Summary
- Report
- Realtime Response

Der Summarymodus erzeugt aus Logfiles , mit mehreren tausend Einträgen, in kurzer Zeit, eine Zusammenfassung der Einträge. Damit kann man quasi Ad Hoc den Zustand der Firewall in den letzten Stunden betrachten und sehen ob, von wem und welche Richtlinien verletzt wurden.

Im Reportmodus kann Fwlogwatch automatisch Emails mit aktuellen Vorfällen generieren und an den Administrator des angreifenden Rechners schicken (Abuse). Diese Funktion ist mit Vorsicht zu benutzen denn es kann zu Spam Emails führen.

Zu guter letzt kann man Fwlogwatch im Echtzeit Modus(Deamonmodus) betreiben. Hierbei werden in Echtzeit die Logdateien analysiert und bei Bedarf Aktionen eingeleitet. So können, wie im Reportmodus, Emails an den Administrator gesendet werden, aber es können auch automatisch Skripte gestartet werden, die auf die Angriffe reagieren. Diese Skripte können dann auch die iptabels der Firewall adaptieren, so dass Angriffe, gleicher Art, künftig abgewehrt werden.

 Zur Konfiguration liefert Fwlogwatch eine Konfigurations-Datei (fwlogwatch.config) mit, die für jedes System individuell angepasst werden muss. Abbildung x zeigt einen Ausschnitt der Konfigurationsdatei im „Auslieferungszustand".

Fwlogwatch unterstützt zudem mehrere Logformate. So zum Beispiel können ipchains, ipfilter, snort, netscreen und net filter Logdateien analysiert werden.

Fwlogwatch kann eigenständig, bei erkannten Gefahren, Emails an den Administrator versenden und den Administrator des Angreifenden Rechners senden.

Die bereits erwähnte Realtimeansicht, in Form eines HTML Dokuments, zeigt die aktuelle Situation der Firewall an. Auch kann Fwlogwatch im Realtimemodus die Regeln der Firewall(ipchains), bei einem erkannten Angriff, anpassen.

```
# $Id: fwlogwatch.config,v 1.53 2004/03/23 13:09:21 bw Exp $
#
# Sample fwlogwatch configuration file
#
# The values filled in or mentioned in the description are the default values,
# you only need to uncomment an option if you change it's value.
# Valid parameters to binary options are on/yes/true and off/no/false.
# Whitespace and comments are ignored anywhere in the file, case does not
# matter.
### Include files ###
# The option 'include_file' can be used to include external configuration
# files.
#
#include_file =
### Global options ###
# Use 'verbose' if you want extra information and log messages.
# Use it twice for even more info. fwlogwatch is quiet by default.
# Command line option: -v[v]
#
#verbose = no
#verbose = no

...
```

Ausschnitt Fwlogwatch Konfiguration 1

Bei einer Standardinstallation, ist die Konfigurationsdatei unter /etc/fwlogwatch zu finden. (Siehe Konfiguration). Jeder Parameter ist innerhalb der Konfigurationsdatei erklärt.

Nach erfolgreicher Konfiguration kann fwlogwatch benutzt werden.

Tipp:
Um Fwlogwatch im Deamon Modus zu betreiben (Siehe Konfiguration), also den Echtzeitmodus zu starten, ist ein kleiner Trick von Nöten. Man muss nach der Installation zuerst eine Neukonfiguration des Fwlogwatch Paketes durchführen, was mit sudo dpkg-reconfigure fwlogwatch möglich ist. Hier wird man nun gefragt ob man den Deamonmodus starten will, was man mit Ja beantworten muss.

Im Test wurde die folgende Konfigurationsdatei verwendet (es wurden nur die wichtigsten - Parameter ausgewählt [Anhang 3 beschreibt die komplette Konfiguration]).

```
### fwlogwatch.config ###
verbose = no              <-erweiterte Ausgabe Loggingmodus
resolve_hosts = no        <-Ausgabe der IP Adresse bei URLs
resolve_services = no     <-
src_ip = on               <-Betrachten source IP beim Vergleich von Paketen
dst_ip = on               <-Betrachten dest. IP beim Vergleich ""
protocol = on             <-Betrachten d. Protokols beim Vergleich ""
src_port = on             <-Betrachten d. Source Ports beim Vergleich ""
dst_port = on             <-Betrachten d. Destination Ports beim Vergleich ""
tcp_opts = on             <-Betrachten d. TCp Optionen beim Vergleich ""
sort_order =              <-Reihenfolge der Sortierung bei der Ausgabe
start_times = yes         <-Betrachtung der Startzeit
end_times = yes           <-Betrachtung der Endzeit
duration = no             <-Betrachtung der Dauer
html = yes                <-HTML Ausgabe ja/nein
output = /var/log/snort   <-Ort der HTML Ausgabe
recipient =               <-Empfänger wenn Emails versendet warden sollen
realtime_response = yes   <-Benutzung des Realtimemodus
run_as = nobody           <-Ausführen als
server_status = yes       <-Benutzung des eingebauten Webservers
bind_to = 127.0.0.1       <-IP des Webservers
listen_port = 888         <-Port des Webservers
status_user = admin       <-Benutzer für .htacess
status_password = sJdkdus3dh.s <-Passwort für .htacess
refresh = 30              <-Refresh Intervall in sek.
```

Testkonfiguration von Fwlogwatch 1

Funktionsweise

Fwlogwatch ist nun so konfiguriert ‚dass wir die Funktionen testen können. Leider mussten wir doch im Laufe des Tests feststellen, dass Fwlogwatch Snort Logs zwar unterstüzt, diese aber in einem bestimmten Format vorliegen müssen, dass nicht zur Verfügung stand. Somit konnten keine aussagekräftigen Reports erstellt weren.

Es konnte nur die Weboberfläche getestet werden und beim restlichen Funktionsumfang, den Angaben des Hersteller Vertrauen geschenkt werden.

```
Datei  Bearbeiten  Ansicht  Terminal  Hilfe
Usage: fwlogwatch [options] [input files]
General options:
   -h               this help
   -L               show time of first and last log entry
   -V               show version and copyright info

Global options:
   -b               show amount of data (sum of total packet lengths)
   -c <file>        specify config file (defaults to /etc/fwlogwatch/fwlogwatch.config)
   -D               do not differentiate destination IP addresses
   -d               differentiate destination ports
   -E <format>      select or exclude hosts, ports, chains and targets
   -m <count>       only show entries with at least so many incidents
   -M <number>      only show this amount of entries
   -N               resolve service names
   -n               resolve host names
   -O <order>       define the sort order (see the man page for details)
   -P <format>      use only parsers for specific formats
   -p               differentiate protocols
   -s               differentiate source ports
   -U <title>       set report and status page title and email subject
   -v               verbose, specify twice for more info
   -y               differentiate TCP options

Log summary mode (default):
   -C <email>       carbon copy recipients
   -e               show end times
   -i <time>        process recent events only (defaults to off)
   -o <file>        specify output file
   -S               do not differentiate source IP addresses
   -T <email>       send report by email to this address
   -t               show start times
   -w               activate whois lookups for source addresses
   -z               show time interval

Interactive report mode (summary mode extension):
   -l <count>       interactive mode with report threshold
   -F <email>       report sender address (defaults to 'hudo0011@hudo0011 laptop')
   -T <email>       address of CERT or abuse contact to send report to
   -I <title>       template file for report (defaults to /etc/fwlogwatch/fwlogwatch.template)

Realtime response mode:
   -R               realtime response as daemon (default action: log only)
   -a <count>       alert threshold (defaults to 5 entries)
   -l <time>        forget events this old (defaults to 24 hours)
   -k <IP/net>      add this IP address or net to the list of known hosts
   -A               invoke notification script if threshold is reached
   -B               invoke response action script (e.g. block host)
   -X <port>        activate internal status information web server

hudo0011@hudo0011 laptop:/etc/fwlogwatch$
```

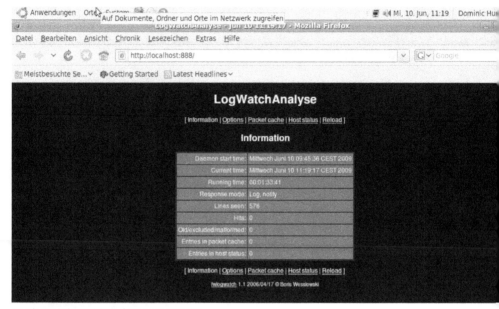

Ausgabe von Fwlogwatch im Realtime Response Modus

Fazit

Beide Tools sind für die Analyse von Firewall-Logdateien geeignet. Jedoch hat sich SnortA-Log, im Zusammenspiel mit Snort als IDS, als wesentlich umfangreicher und mächtiger herausgestellt. Die Ausgabe von grafischen Darstellungen (Anhang 2) in Form von HTML oder PDF Dokumenten hob sich von den Ausgabemöglichkeiten von Fwlogwatch deutlich hervor.

	SnortALog	Fwlogwatch
Betriebssystem/Portabilität	Unix, Windows	Unix
Güte der Dokumentation	Gut, dar ausführliche Beschreibungen und Beispiele vorhanden sind (Englisch)	Nicht vorhanden, nur Erklärungen im config File
Versenden von Emails	nein	ja
Erzeugen von HTML Ausgaben	Ja*	ja
Ausführen von Skripten bei erkanntem Angriff**	nein	Ja
Unterstützte Logformate**	Snort IDS, Cisco PIX,Checkpoint, Netfilter, Packetfilter, Netscreen, Brick	Ipchains,netfilter/iptables,Cisco IOS, NetScreen, XP Firewall, Elsa Lancom router, Snort IDS
Installation	Nicht notwendig, aber durch die Installation der zusätzlichen Pakete entsteht Aufwand -> nicht trivial	Einfach per aptitude(apt-get)
Konfiguration	Nicht obligatorisch	Kompliziert durch fehlende Doku, einzig Kommentare im Quelltext
Foren/Community/Literatur	Zahlreiche Foren beitrage und Diskussionsforen vorhanden	Wenige Foren beitrage und Hilfestellungen
Einarbeitungszeit	Eher gering da keine Konfiguration nötig und Beispielen in der Doku	Mittel, denn das Programm muss erst richtig konfiguriert werden, was ohne Doku nicht immer ganz einfach ist
Definition von regulären Ausdrücken**	Nein	Ja
Domänen und IP-Adressen ermitteln	Ja*	Ja
Erstellen von PDFs	Ja*	Nein
Erzeugen von Grafiken	Ja*	Nein
Grafische Oberfläche	Ja*	Nein

*Durch Installation der zusätzlichen Pakete
**Herstellerangaben, im Einzelnen nicht überprüft

Grundsätzlich lässt sich, trotz erhöhtem Initialaufwand, der Einsatz von SnortALog in einer Produktivumgebung empfehlen.

Weitere Loganalysis Tools

Während meiner Recherche sind mir weitere Loganalysis Tools begegnet, die hier aber aus Zeitgründen nicht evaluiert werden konnten.

ACID (Analysis Console for Intrusion Databases)

ACID ist eine auf PHP-basierende Analyse Engine, zum Suchen und Verarbeiten von Sicherheitsvorfällen, die von verschiedenen IDS-Systemen, Firewalls und Netzwerk-Überwachungstools erkannt wurden.
ACID kann jedoch nur solche Daten verarbeiten, die vorher in seine Datenbank geschrieben wurden (z.B. Snort bietet die Möglichkeit LogToDatabase).

ACID wurde von Roman Danyliw entwickelt und steht unter GNU/GPL zur Verfügung.

Homepage des Projekts: http://www.andrew.cmu.edu/user/rdanyliw/snort/snortacid.html

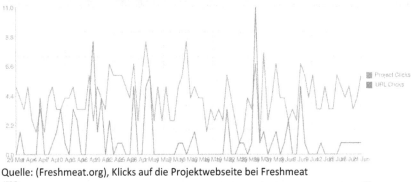

Quelle: (Freshmeat.org), Klicks auf die Projektwebseite bei Freshmeat

Quelle: (Freshmeat.org), Popularität und Dynamik

Ausarbeitung zum Thema Loganalysis Tools – Datamining für die IT-Sicherheit
SSe 2009 – Dominic Hurm

Literaturverzeichnis

CHARTIER, J. (2004). *SnortALog v2.3.0 (Dokumentation)*.

Cid, D. B. (n.d.). *Log analysis for intrusion detection*. Retrieved 05 20, 2009, from Infosecwriters: http://www.infosecwriters.com/text_resources/pdf/Log_Analysis_DCid.pdf

Debian Packages. (kein Datum). Abgerufen am 15. 05 2009 von http://packages.debian.org/de/sid/fwlogwatch

Freshmeat.org. (kein Datum). *Freshmeat*. Abgerufen am 21. 06 2009 von Freshmeat: http://freshmeat.net/projects/acid/date_metrics

Freshmeat.org. (kein Datum). *Freshmeat*. Abgerufen am 21. 06 2009 von Freshmeat: http://freshmeat.net/projects/snortalog/date_metrics

Freshmeat.org. (kein Datum). *Freshmeat*. Abgerufen am 21. 06 2009 von Freshmeat: http://freshmeat.net/projects/fwlogwatch/date_metrics

Softpedia. (kein Datum). *Softpedia*. Abgerufen am 26. 06 2009 von Softpedia: http://linux.softpedia.com/screenshots/Snortalog_1.jpg

Softpedia. (kein Datum). *Softpedia*. Abgerufen am 26. 06 2009 von Softpedia: http://webscripts.softpedia.com/screenshots/SnortALog-14477.png

Spenneberg, R. (2006). *Linux Firewalls mit iptables & Co.* Addison Wesley.

Wessolowski, B. (kein Datum). *Fwlogwatch*. Abgerufen am 05. 06 2009 von Fwlogwatch: http://fwlogwatch.inside-security.de/

Anhänge

Anhang 1 (Logfile von Snort)

```
[**] [122:1:0] (portscan) TCP Portscan [**]
[Priority: 3]
06/09-20:09:58.573162 10.211.55.2 -> 10.211.55.8
PROTO:255 TTL:0 TOS:0x0 ID:0 IpLen:20 DgmLen:154 DF

[**] [1:1418:11] SNMP request tcp [**]
[Classification: Attempted Information Leak] [Priority: 2]
06/09-20:10:00.118848 10.211.55.2:51241 -> 10.211.55.8:161
TCP TTL:64 TOS:0x0 ID:7599 IpLen:20 DgmLen:64 DF
******S* Seq: 0xDC50B5DF  Ack: 0x0  Win: 0xFFFF  TcpLen: 44
TCP Options (8) => MSS: 1460 NOP WS: 1 NOP NOP TS: 710198919 0
TCP Options => SackOK EOL
[Xref => http://cve.mitre.org/cgi-bin/cvename.cgi?name=2002-0013][Xref =>
http://cve.mitre.org/cgi-bin/cvename.cgi?name=2002-0012][Xref =>
http://www.securityfocus.com/bid/4132][Xref =>
http://www.securityfocus.com/bid/4089][Xref =>
http://www.securityfocus.com/bid/4088]

[**] [1:1420:11] SNMP trap tcp [**]
[Classification: Attempted Information Leak] [Priority: 2]
06/09-20:10:00.119627 10.211.55.2:51242 -> 10.211.55.8:162
TCP TTL:64 TOS:0x0 ID:14796 IpLen:20 DgmLen:64 DF
******S* Seq: 0xF302098A  Ack: 0x0  Win: 0xFFFF  TcpLen: 44
TCP Options (8) => MSS: 1460 NOP WS: 1 NOP NOP TS: 710198919 0
TCP Options => SackOK EOL
[Xref => http://cve.mitre.org/cgi-bin/cvename.cgi?name=2002-0013][Xref =>
http://cve.mitre.org/cgi-bin/cvename.cgi?name=2002-0012][Xref =>
http://www.securityfocus.com/bid/4132][Xref =>
http://www.securityfocus.com/bid/4089][Xref =>
http://www.securityfocus.com/bid/4088]

[**] [1:1421:11] SNMP AgentX/tcp request [**]
[Classification: Attempted Information Leak] [Priority: 2]
06/09-20:10:00.415993 10.211.55.2:51785 -> 10.211.55.8:705
TCP TTL:64 TOS:0x0 ID:63412 IpLen:20 DgmLen:64 DF
******S* Seq: 0x45FEAF47  Ack: 0x0  Win: 0xFFFF  TcpLen: 44
TCP Options (8) => MSS: 1460 NOP WS: 1 NOP NOP TS: 710198922 0
TCP Options => SackOK EOL
[Xref => http://cve.mitre.org/cgi-bin/cvename.cgi?name=2002-0013][Xref =>
http://cve.mitre.org/cgi-bin/cvename.cgi?name=2002-0012][Xref =>
http://www.securityfocus.com/bid/4132][Xref =>
http://www.securityfocus.com/bid/4089][Xref =>
http://www.securityfocus.com/bid/4088]

[**] [1:249:8] DDOS mstream client to handler [**]
[Classification: Attempted Denial of Service] [Priority: 2]
06/09-20:10:09.422132 10.211.55.2:49804 -> 10.211.55.8:15104
TCP TTL:64 TOS:0x0 ID:40112 IpLen:20 DgmLen:64 DF
******S* Seq: 0x2274F879  Ack: 0x0  Win: 0xFFFF  TcpLen: 44
TCP Options (8) => MSS: 1460 NOP WS: 1 NOP NOP TS: 710199011 0
TCP Options => SackOK EOL
[Xref => http://cve.mitre.org/cgi-bin/cvename.cgi?name=2000-0138][Xref =>
http://www.whitehats.com/info/IDS111]
```

```
[**] [119:4:1] (http_inspect) BARE BYTE UNICODE ENCODING [**]
[Priority: 3]
06/09-20:13:14.119495 10.211.55.8:56756 -> 199.7.54.72:80
TCP TTL:64 TOS:0x0 ID:27710 IpLen:20 DgmLen:636 DF
***AP*** Seq: 0xA66D879E  Ack: 0x956686DE  Win: 0xB7  TcpLen: 32
TCP Options (3) => NOP NOP TS: 322512 2910874882


[**] [1:3000:4] NETBIOS SMB Session Setup NTMLSSP unicode asn1 overflow at-
tempt [**]
[Classification: Generic Protocol Command Decode] [Priority: 3]
06/09-20:23:22.509713 10.211.55.3:1275 -> 10.211.55.2:139
TCP TTL:240 TOS:0x10 ID:0 IpLen:20 DgmLen:556
***AP*** Seq: 0x5DEB26ED  Ack: 0x24D325BE  Win: 0xFFFF  TcpLen: 20
[Xref => http://www.microsoft.com/technet/security/bulletin/MS04-
007.mspx][Xref => http://cgi.nessus.org/plugins/dump.php3?id=12065][Xref =>
http://cgi.nessus.org/plugins/dump.php3?id=12052][Xref =>
http://cve.mitre.org/cgi-bin/cvename.cgi?name=2003-0818][Xref =>
http://www.securityfocus.com/bid/9635][Xref =>
http://www.securityfocus.com/bid/9633]


[**] [1:538:15] NETBIOS SMB IPC$ unicode share access [**]
[Classification: Generic Protocol Command Decode] [Priority: 3]
06/09-20:23:27.179280 10.211.55.3:1275 -> 10.211.55.2:139
TCP TTL:128 TOS:0x0 ID:10365 IpLen:20 DgmLen:138 DF
***AP*** Seq: 0x5DEB28F1  Ack: 0x24D3263C  Win: 0xFD1D  TcpLen: 20


[**] [1:3000:4] NETBIOS SMB Session Setup NTMLSSP unicode asn1 overflow at-
tempt [**]
[Classification: Generic Protocol Command Decode] [Priority: 3]
06/09-20:23:52.984341 10.211.55.3:1275 -> 10.211.55.2:139
TCP TTL:240 TOS:0x10 ID:0 IpLen:20 DgmLen:556
***AP*** Seq: 0x5E8B9EA1  Ack: 0xB0B9908  Win: 0xFFFF  TcpLen: 20
[Xref => http://www.microsoft.com/technet/security/bulletin/MS04-
007.mspx][Xref => http://cgi.nessus.org/plugins/dump.php3?id=12065][Xref =>
http://cgi.nessus.org/plugins/dump.php3?id=12052][Xref =>
http://cve.mitre.org/cgi-bin/cvename.cgi?name=2003-0818][Xref =>
http://www.securityfocus.com/bid/9635][Xref =>
http://www.securityfocus.com/bid/9633]


[**] [1:538:15] NETBIOS SMB IPC$ unicode share access [**]
[Classification: Generic Protocol Command Decode] [Priority: 3]
06/09-20:23:53.982240 10.211.55.3:1277 -> 10.211.55.2:139
TCP TTL:128 TOS:0x0 ID:10382 IpLen:20 DgmLen:138 DF
***AP*** Seq: 0x5E8BA0A5  Ack: 0xB0B9986  Win: 0xFD1D  TcpLen: 20


[**] [1:466:4] ICMP L3retriever Ping [**]
[Classification: Attempted Information Leak] [Priority: 2]
06/09-20:23:55.561383 10.211.55.3 -> 10.211.55.2
ICMP TTL:32 TOS:0x0 ID:10390 IpLen:20 DgmLen:60
Type:8  Code:0  ID:512  Seq:2048  ECHO
[Xref => http://www.whitehats.com/info/IDS311]


[**] [1:100000122:1] COMMUNITY WEB-MISC mod_jrun overflow attempt [**]
[Classification: Web Application Attack] [Priority: 1]
06/09-20:56:32.080937 10.211.55.3:1086 -> 10.211.55.8:80
TCP TTL:128 TOS:0x0 ID:2263 IpLen:20 DgmLen:1100 DF
***AP*** Seq: 0x6C46AC03  Ack: 0x2220100E  Win: 0x8000  TcpLen: 20
[Xref => http://cve.mitre.org/cgi-bin/cvename.cgi?name=2004-0646][Xref =>
http://www.securityfocus.com/bid/11245]


[**] [1:100000122:1] COMMUNITY WEB-MISC mod_jrun overflow attempt [**]
```

```
[Classification: Web Application Attack] [Priority: 1]
06/09-20:56:38.239752 10.211.55.3:1091 -> 10.211.55.8:80
TCP TTL:128 TOS:0x0 ID:2286 IpLen:20 DgmLen:1100 DF
***AP*** Seq: 0x1A3EE047  Ack: 0x27F232F6  Win: 0x8000  TcpLen: 20
[Xref => http://cve.mitre.org/cgi-bin/cvename.cgi?name=2004-0646][Xref =>
http://www.securityfocus.com/bid/11245]


[**] [1:100000122:1] COMMUNITY WEB-MISC mod_jrun overflow attempt [**]
[Classification: Web Application Attack] [Priority: 1]
06/09-20:56:43.206253 10.211.55.3:1096 -> 10.211.55.8:80
TCP TTL:128 TOS:0x0 ID:2311 IpLen:20 DgmLen:1100 DF
***AP*** Seq: 0x8490A446  Ack: 0x2C0D7E31  Win: 0x8000  TcpLen: 20
[Xref => http://cve.mitre.org/cgi-bin/cvename.cgi?name=2004-0646][Xref =>
http://www.securityfocus.com/bid/11245]


[**] [1:100000122:1] COMMUNITY WEB-MISC mod_jrun overflow attempt [**]
[Classification: Web Application Attack] [Priority: 1]
06/09-20:56:48.448152 10.211.55.3:1101 -> 10.211.55.8:80
TCP TTL:128 TOS:0x0 ID:2348 IpLen:20 DgmLen:1100 DF
***AP*** Seq: 0xD1EA2EF1  Ack: 0x31A5DAE3  Win: 0x8000  TcpLen: 20
[Xref => http://cve.mitre.org/cgi-bin/cvename.cgi?name=2004-0646][Xref =>
http://www.securityfocus.com/bid/11245]


[**] [1:100000122:1] COMMUNITY WEB-MISC mod_jrun overflow attempt [**]
[Classification: Web Application Attack] [Priority: 1]
06/09-20:56:54.617631 10.211.55.3:1106 -> 10.211.55.8:80
TCP TTL:128 TOS:0x0 ID:2373 IpLen:20 DgmLen:1100 DF
***AP*** Seq: 0x6FD81F0A  Ack: 0x38149286  Win: 0x8000  TcpLen: 20
[Xref => http://cve.mitre.org/cgi-bin/cvename.cgi?name=2004-0646][Xref =>
http://www.securityfocus.com/bid/11245]


[**] [1:538:15] NETBIOS SMB IPC$ unicode share access [**]
[Classification: Generic Protocol Command Decode] [Priority: 3]
06/09-20:57:29.774179 10.211.55.8:38554 -> 10.211.55.2:139
TCP TTL:64 TOS:0x0 ID:65159 IpLen:20 DgmLen:150 DF
***AP*** Seq: 0x5882F4DA  Ack: 0x58D89335  Win: 0xD8  TcpLen: 32
TCP Options (3) => NOP NOP TS: 986426 1027237404


[**] [122:1:0] (portscan) TCP Portscan [**]
[Priority: 3]
06/09-21:06:54.692473 10.211.55.3 -> 10.211.55.8
PROTO:255 TTL:0 TOS:0x0 ID:2545 IpLen:20 DgmLen:156 DF


[**] [122:1:0] (portscan) TCP Portscan [**]
[Priority: 3]
06/09-21:07:55.077832 10.211.55.3 -> 10.211.55.8
PROTO:255 TTL:0 TOS:0x0 ID:2809 IpLen:20 DgmLen:158 DF


[**] [122:1:0] (portscan) TCP Portscan [**]
[Priority: 3]
06/09-21:08:55.904459 10.211.55.3 -> 10.211.55.8
PROTO:255 TTL:0 TOS:0x0 ID:3115 IpLen:20 DgmLen:160 DF


[**] [1:1418:11] SNMP request tcp [**]
[Classification: Attempted Information Leak] [Priority: 2]
06/09-21:09:41.387017 10.211.55.3:1485 -> 10.211.55.8:161
TCP TTL:128 TOS:0x0 ID:3293 IpLen:20 DgmLen:48 DF
******S* Seq: 0x577A2605  Ack: 0x0  Win: 0xFFFF  TcpLen: 28
TCP Options (4) => MSS: 1460 NOP NOP SackOK
[Xref => http://cve.mitre.org/cgi-bin/cvename.cgi?name=2002-0013][Xref =>
http://cve.mitre.org/cgi-bin/cvename.cgi?name=2002-0012][Xref =>
http://www.securityfocus.com/bid/4132][Xref =>
```

```
http://www.securityfocus.com/bid/4089][Xref =>
http://www.securityfocus.com/bid/4088]

[**] [1:1420:11] SNMP trap tcp [**]
[Classification: Attempted Information Leak] [Priority: 2]
06/09-21:09:41.387270 10.211.55.3:1487 -> 10.211.55.8:162
TCP TTL:128 TOS:0x0 ID:3295 IpLen:20 DgmLen:48 DF
******S* Seq: 0xF414433 Ack: 0x0 Win: 0xFFFF TcpLen: 28
TCP Options (4) => MSS: 1460 NOP NOP SackOK
[Xref => http://cve.mitre.org/cgi-bin/cvename.cgi?name=2002-0013][Xref =>
http://cve.mitre.org/cgi-bin/cvename.cgi?name=2002-0012][Xref =>
http://www.securityfocus.com/bid/4132][Xref =>
http://www.securityfocus.com/bid/4089][Xref =>
http://www.securityfocus.com/bid/4088]

[**] [1:1418:11] SNMP request tcp [**]
[Classification: Attempted Information Leak] [Priority: 2]
06/09-21:09:41.926410 10.211.55.3:1485 -> 10.211.55.8:161
TCP TTL:128 TOS:0x0 ID:3298 IpLen:20 DgmLen:48 DF
******S* Seq: 0x577A2605 Ack: 0x0 Win: 0xFFFF TcpLen: 28
TCP Options (4) => MSS: 1460 NOP NOP SackOK
[Xref => http://cve.mitre.org/cgi-bin/cvename.cgi?name=2002-0013][Xref =>
http://cve.mitre.org/cgi-bin/cvename.cgi?name=2002-0012][Xref =>
http://www.securityfocus.com/bid/4132][Xref =>
http://www.securityfocus.com/bid/4089][Xref =>
http://www.securityfocus.com/bid/4088]

[**] [1:1418:11] SNMP request tcp [**]
[Classification: Attempted Information Leak] [Priority: 2]
06/09-21:09:42.472023 10.211.55.3:1485 -> 10.211.55.8:161
TCP TTL:128 TOS:0x0 ID:3300 IpLen:20 DgmLen:48 DF
******S* Seq: 0x577A2605 Ack: 0x0 Win: 0xFFFF TcpLen: 28
TCP Options (4) => MSS: 1460 NOP NOP SackOK
[Xref => http://cve.mitre.org/cgi-bin/cvename.cgi?name=2002-0013][Xref =>
http://cve.mitre.org/cgi-bin/cvename.cgi?name=2002-0012][Xref =>
http://www.securityfocus.com/bid/4132][Xref =>
http://www.securityfocus.com/bid/4089][Xref =>
http://www.securityfocus.com/bid/4088]

[**] [122:1:0] (portscan) TCP Portscan [**]
[Priority: 3]
06/09-21:09:56.516984 10.211.55.3 -> 10.211.55.8
PROTO:255 TTL:0 TOS:0x0 ID:3364 IpLen:20 DgmLen:160 DF

[**] [122:1:0] (portscan) TCP Portscan [**]
[Priority: 3]
06/09-21:10:57.440882 10.211.55.3 -> 10.211.55.8
PROTO:255 TTL:0 TOS:0x0 ID:3580 IpLen:20 DgmLen:158 DF

[**] [122:1:0] (portscan) TCP Portscan [**]
[Priority: 3]
06/09-21:11:58.624529 10.211.55.3 -> 10.211.55.8
PROTO:255 TTL:0 TOS:0x0 ID:3810 IpLen:20 DgmLen:160 DF

[**] [122:1:0] (portscan) TCP Portscan [**]
[Priority: 3]
06/09-21:12:59.432275 10.211.55.3 -> 10.211.55.8
PROTO:255 TTL:0 TOS:0x0 ID:4030 IpLen:20 DgmLen:160 DF

[**] [122:1:0] (portscan) TCP Portscan [**]
[Priority: 3]
06/09-21:14:03.287219 10.211.55.3 -> 10.211.55.8
```

```
PROTO:255 TTL:0 TOS:0x0 ID:4257 IpLen:20 DgmLen:160 DF

[**] [122:1:0] (portscan) TCP Portscan [**]
[Priority: 3]
06/09-21:15:01.377102 10.211.55.3 -> 10.211.55.8
PROTO:255 TTL:0 TOS:0x0 ID:4495 IpLen:20 DgmLen:160 DF

[**] [122:1:0] (portscan) TCP Portscan [**]
[Priority: 3]
06/09-21:16:03.055655 10.211.55.3 -> 10.211.55.8
PROTO:255 TTL:0 TOS:0x0 ID:4742 IpLen:20 DgmLen:160 DF

[**] [122:1:0] (portscan) TCP Portscan [**]
[Priority: 3]
06/09-21:17:04.151457 10.211.55.3 -> 10.211.55.8
PROTO:255 TTL:0 TOS:0x0 ID:4967 IpLen:20 DgmLen:160 DF

[**] [122:1:0] (portscan) TCP Portscan [**]
[Priority: 3]
06/09-21:18:04.864323 10.211.55.3 -> 10.211.55.8
PROTO:255 TTL:0 TOS:0x0 ID:5200 IpLen:20 DgmLen:160 DF

[**] [122:1:0] (portscan) TCP Portscan [**]
[Priority: 3]
06/09-21:19:05.643002 10.211.55.3 -> 10.211.55.8
PROTO:255 TTL:0 TOS:0x0 ID:5420 IpLen:20 DgmLen:160 DF

[**] [1:1421:11] SNMP AgentX/tcp request [**]
[Classification: Attempted Information Leak] [Priority: 2]
06/09-21:19:24.914311 10.211.55.3:2520 -> 10.211.55.8:705
TCP TTL:128 TOS:0x0 ID:5482 IpLen:20 DgmLen:48 DF
******S* Seq: 0x4F027AFF  Ack: 0x0  Win: 0xFFFF  TcpLen: 28
TCP Options (4) => MSS: 1460 NOP NOP SackOK
[Xref => http://cve.mitre.org/cgi-bin/cvename.cgi?name=2002-0013][Xref =>
http://cve.mitre.org/cgi-bin/cvename.cgi?name=2002-0012][Xref =>
http://www.securityfocus.com/bid/4132][Xref =>
http://www.securityfocus.com/bid/4089][Xref =>
http://www.securityfocus.com/bid/4088]

[**] [1:1421:11] SNMP AgentX/tcp request [**]
[Classification: Attempted Information Leak] [Priority: 2]
06/09-21:19:25.457510 10.211.55.3:2520 -> 10.211.55.8:705
TCP TTL:128 TOS:0x0 ID:5487 IpLen:20 DgmLen:48 DF
******S* Seq: 0x4F027AFF  Ack: 0x0  Win: 0xFFFF  TcpLen: 28
TCP Options (4) => MSS: 1460 NOP NOP SackOK
[Xref => http://cve.mitre.org/cgi-bin/cvename.cgi?name=2002-0013][Xref =>
http://cve.mitre.org/cgi-bin/cvename.cgi?name=2002-0012][Xref =>
http://www.securityfocus.com/bid/4132][Xref =>
http://www.securityfocus.com/bid/4089][Xref =>
http://www.securityfocus.com/bid/4088]

[**] [1:1421:11] SNMP AgentX/tcp request [**]
[Classification: Attempted Information Leak] [Priority: 2]
06/09-21:19:26.005957 10.211.55.3:2520 -> 10.211.55.8:705
TCP TTL:128 TOS:0x0 ID:5489 IpLen:20 DgmLen:48 DF
******S* Seq: 0x4F027AFF  Ack: 0x0  Win: 0xFFFF  TcpLen: 28
TCP Options (4) => MSS: 1460 NOP NOP SackOK
[Xref => http://cve.mitre.org/cgi-bin/cvename.cgi?name=2002-0013][Xref =>
http://cve.mitre.org/cgi-bin/cvename.cgi?name=2002-0012][Xref =>
http://www.securityfocus.com/bid/4132][Xref =>
http://www.securityfocus.com/bid/4089][Xref =>
http://www.securityfocus.com/bid/4088]
```

```
[**] [122:1:0] (portscan) TCP Portscan [**]
[Priority: 3]
06/09-21:20:04.343413 10.211.55.3 -> 10.211.55.8
PROTO:255 TTL:0 TOS:0x0 ID:5639 IpLen:20 DgmLen:158 DF

[**] [122:1:0] (portscan) TCP Portscan [**]
[Priority: 3]
06/09-21:21:07.660851 10.211.55.3 -> 10.211.55.8
PROTO:255 TTL:0 TOS:0x0 ID:5877 IpLen:20 DgmLen:160 DF

[**] [122:1:0] (portscan) TCP Portscan [**]
[Priority: 3]
06/09-21:22:09.209411 10.211.55.3 -> 10.211.55.8
PROTO:255 TTL:0 TOS:0x0 ID:6098 IpLen:20 DgmLen:160 DF

[**] [1:3000:4] NETBIOS SMB Session Setup NTMLSSP unicode asn1 overflow at-
tempt [**]
[Classification: Generic Protocol Command Decode] [Priority: 3]
06/09-21:23:02.570910 10.211.55.3:2905 -> 10.211.55.2:139
TCP TTL:240 TOS:0x10 ID:0 IpLen:20 DgmLen:556
***AP*** Seq: 0xEB4E1E6  Ack: 0x50A7A951  Win: 0xFFFF  TcpLen: 20
[Xref => http://www.microsoft.com/technet/security/bulletin/MS04-
007.mspx][Xref => http://cgi.nessus.org/plugins/dump.php3?id=12065][Xref =>
http://cgi.nessus.org/plugins/dump.php3?id=12052][Xref =>
http://cve.mitre.org/cgi-bin/cvename.cgi?name=2003-0818][Xref =>
http://www.securityfocus.com/bid/9635][Xref =>
http://www.securityfocus.com/bid/9633]

[**] [1:538:15] NETBIOS SMB IPC$ unicode share access [**]
[Classification: Generic Protocol Command Decode] [Priority: 3]
06/09-21:23:02.757418 10.211.55.3:2905 -> 10.211.55.2:139
TCP TTL:128 TOS:0x0 ID:6302 IpLen:20 DgmLen:138 DF
***AP*** Seq: 0xEB4E3EA  Ack: 0x50A7A9CF  Win: 0xFD1D  TcpLen: 20

[**] [122:1:0] (portscan) TCP Portscan [**]
[Priority: 3]
06/09-21:23:09.978391 10.211.55.3 -> 10.211.55.8
PROTO:255 TTL:0 TOS:0x0 ID:6326 IpLen:20 DgmLen:158 DF

[**] [1:3000:4] NETBIOS SMB Session Setup NTMLSSP unicode asn1 overflow at-
tempt [**]
[Classification: Generic Protocol Command Decode] [Priority: 3]
06/09-21:23:21.746710 10.211.55.3:2941 -> 10.211.55.2:139
TCP TTL:240 TOS:0x10 ID:0 IpLen:20 DgmLen:556
***AP*** Seq: 0x458CBAE5  Ack: 0x579AF4C3  Win: 0xFFFF  TcpLen: 20
[Xref => http://www.microsoft.com/technet/security/bulletin/MS04-
007.mspx][Xref => http://cgi.nessus.org/plugins/dump.php3?id=12065][Xref =>
http://cgi.nessus.org/plugins/dump.php3?id=12052][Xref =>
http://cve.mitre.org/cgi-bin/cvename.cgi?name=2003-0818][Xref =>
http://www.securityfocus.com/bid/9635][Xref =>
http://www.securityfocus.com/bid/9633]

[**] [1:538:15] NETBIOS SMB IPC$ unicode share access [**]
[Classification: Generic Protocol Command Decode] [Priority: 3]
06/09-21:23:21.759631 10.211.55.3:2941 -> 10.211.55.2:139
TCP TTL:128 TOS:0x0 ID:6387 IpLen:20 DgmLen:138 DF
***AP*** Seq: 0x458CBCE9  Ack: 0x579AF541  Win: 0xFD1D  TcpLen: 20

[**] [1:466:4] ICMP L3retriever Ping [**]
[Classification: Attempted Information Leak] [Priority: 2]
06/09-21:23:21.813151 10.211.55.3 -> 10.211.55.2
```

```
ICMP TTL:32 TOS:0x0 ID:6390 IpLen:20 DgmLen:60
Type:8  Code:0  ID:512   Seq:512  ECHO
[Xref => http://www.whitehats.com/info/IDS311]

[**] [122:1:0] (portscan) TCP Portscan [**]
[Priority: 3]
06/09-21:24:11.103892 10.211.55.3 -> 10.211.55.8
PROTO:255 TTL:0 TOS:0x0 ID:6583 IpLen:20 DgmLen:160 DF

[**] [122:1:0] (portscan) TCP Portscan [**]
[Priority: 3]
06/09-21:25:11.880079 10.211.55.3 -> 10.211.55.8
PROTO:255 TTL:0 TOS:0x0 ID:6825 IpLen:20 DgmLen:162 DF

[**] [122:1:0] (portscan) TCP Portscan [**]
[Priority: 3]
06/09-21:26:14.636234 10.211.55.3 -> 10.211.55.8
PROTO:255 TTL:0 TOS:0x0 ID:7052 IpLen:20 DgmLen:161 DF

[**] [122:1:0] (portscan) TCP Portscan [**]
[Priority: 3]
06/09-21:27:13.230393 10.211.55.3 -> 10.211.55.8
PROTO:255 TTL:0 TOS:0x0 ID:7297 IpLen:20 DgmLen:162 DF

[**] [122:1:0] (portscan) TCP Portscan [**]
[Priority: 3]
06/09-21:28:14.885244 10.211.55.3 -> 10.211.55.8
PROTO:255 TTL:0 TOS:0x0 ID:7521 IpLen:20 DgmLen:162 DF

[**] [122:1:0] (portscan) TCP Portscan [**]
[Priority: 3]
06/09-21:29:15.448786 10.211.55.3 -> 10.211.55.8
PROTO:255 TTL:0 TOS:0x0 ID:7757 IpLen:20 DgmLen:162 DF

[**] [122:1:0] (portscan) TCP Portscan [**]
[Priority: 3]
06/09-21:30:16.672995 10.211.55.3 -> 10.211.55.8
PROTO:255 TTL:0 TOS:0x0 ID:7987 IpLen:20 DgmLen:162 DF

[**] [122:1:0] (portscan) TCP Portscan [**]
[Priority: 3]
06/09-21:31:16.941624 10.211.55.3 -> 10.211.55.8
PROTO:255 TTL:0 TOS:0x0 ID:8198 IpLen:20 DgmLen:160 DF

[**] [122:1:0] (portscan) TCP Portscan [**]
[Priority: 3]
06/09-21:32:18.838414 10.211.55.3 -> 10.211.55.8
PROTO:255 TTL:0 TOS:0x0 ID:8429 IpLen:20 DgmLen:162 DF

[**] [122:1:0] (portscan) TCP Portscan [**]
[Priority: 3]
06/09-21:33:19.639097 10.211.55.3 -> 10.211.55.8
PROTO:255 TTL:0 TOS:0x0 ID:8700 IpLen:20 DgmLen:162 DF

[**] [122:1:0] (portscan) TCP Portscan [**]
[Priority: 3]
06/09-21:34:22.603288 10.211.55.3 -> 10.211.55.8
PROTO:255 TTL:0 TOS:0x0 ID:8979 IpLen:20 DgmLen:161 DF

[**] [122:1:0] (portscan) TCP Portscan [**]
[Priority: 3]
06/09-21:35:21.744526 10.211.55.3 -> 10.211.55.8
```

```
PROTO:255 TTL:0 TOS:0x0 ID:9214 IpLen:20 DgmLen:162 DF

[**] [122:1:0] (portscan) TCP Portscan [**]
[Priority: 3]
06/09-21:36:23.072497 10.211.55.3 -> 10.211.55.8
PROTO:255 TTL:0 TOS:0x0 ID:9435 IpLen:20 DgmLen:162 DF

[**] [122:1:0] (portscan) TCP Portscan [**]
[Priority: 3]
06/09-21:37:23.734667 10.211.55.3 -> 10.211.55.8
PROTO:255 TTL:0 TOS:0x0 ID:9658 IpLen:20 DgmLen:162 DF

[**] [122:1:0] (portscan) TCP Portscan [**]
[Priority: 3]
06/09-21:38:25.057338 10.211.55.3 -> 10.211.55.8
PROTO:255 TTL:0 TOS:0x0 ID:9879 IpLen:20 DgmLen:162 DF

[**] [122:1:0] (portscan) TCP Portscan [**]
[Priority: 3]
06/09-21:39:26.359129 10.211.55.3 -> 10.211.55.8
PROTO:255 TTL:0 TOS:0x0 ID:10097 IpLen:20 DgmLen:160 DF

[**] [122:1:0] (portscan) TCP Portscan [**]
[Priority: 3]
06/09-21:40:26.955271 10.211.55.3 -> 10.211.55.8
PROTO:255 TTL:0 TOS:0x0 ID:10333 IpLen:20 DgmLen:162 DF

[**] [122:1:0] (portscan) TCP Portscan [**]
[Priority: 3]
06/09-21:41:27.388675 10.211.55.3 -> 10.211.55.8
PROTO:255 TTL:0 TOS:0x0 ID:10553 IpLen:20 DgmLen:162 DF

[**] [122:1:0] (portscan) TCP Portscan [**]
[Priority: 3]
06/09-21:42:30.458012 10.211.55.3 -> 10.211.55.8
PROTO:255 TTL:0 TOS:0x0 ID:10775 IpLen:20 DgmLen:161 DF

[**] [122:1:0] (portscan) TCP Portscan [**]
[Priority: 3]
06/09-21:43:29.206503 10.211.55.3 -> 10.211.55.8
PROTO:255 TTL:0 TOS:0x0 ID:10996 IpLen:20 DgmLen:162 DF

[**] [122:1:0] (portscan) TCP Portscan [**]
[Priority: 3]
06/09-21:44:28.138271 10.211.55.3 -> 10.211.55.8
PROTO:255 TTL:0 TOS:0x0 ID:11224 IpLen:20 DgmLen:160 DF

[**] [122:1:0] (portscan) TCP Portscan [**]
[Priority: 3]
06/09-21:45:31.564227 10.211.55.3 -> 10.211.55.8
PROTO:255 TTL:0 TOS:0x0 ID:11470 IpLen:20 DgmLen:162 DF

[**] [122:1:0] (portscan) TCP Portscan [**]
[Priority: 3]
06/09-21:46:32.340183 10.211.55.3 -> 10.211.55.8
PROTO:255 TTL:0 TOS:0x0 ID:11688 IpLen:20 DgmLen:162 DF

[**] [122:1:0] (portscan) TCP Portscan [**]
[Priority: 3]
06/09-21:47:33.317299 10.211.55.3 -> 10.211.55.8
PROTO:255 TTL:0 TOS:0x0 ID:11905 IpLen:20 DgmLen:160 DF
```

```
[**] [122:1:0] (portscan) TCP Portscan [**]
[Priority: 3]
06/09-21:48:35.292036 10.211.55.3 -> 10.211.55.8
PROTO:255 TTL:0 TOS:0x0 ID:12135 IpLen:20 DgmLen:162 DF

[**] [122:1:0] (portscan) TCP Portscan [**]
[Priority: 3]
06/09-21:49:35.794957 10.211.55.3 -> 10.211.55.8
PROTO:255 TTL:0 TOS:0x0 ID:12350 IpLen:20 DgmLen:161 DF

[**] [122:1:0] (portscan) TCP Portscan [**]
[Priority: 3]
06/09-21:50:38.174946 10.211.55.3 -> 10.211.55.8
PROTO:255 TTL:0 TOS:0x0 ID:12591 IpLen:20 DgmLen:162 DF

[**] [122:1:0] (portscan) TCP Portscan [**]
[Priority: 3]
06/09-21:51:38.894468 10.211.55.3 -> 10.211.55.8
PROTO:255 TTL:0 TOS:0x0 ID:12815 IpLen:20 DgmLen:162 DF

[**] [122:1:0] (portscan) TCP Portscan [**]
[Priority: 3]
06/09-21:52:40.838922 10.211.55.3 -> 10.211.55.8
PROTO:255 TTL:0 TOS:0x0 ID:13038 IpLen:20 DgmLen:162 DF

[**] [122:1:0] (portscan) TCP Portscan [**]
[Priority: 3]
06/09-21:53:40.487792 10.211.55.3 -> 10.211.55.8
PROTO:255 TTL:0 TOS:0x0 ID:13259 IpLen:20 DgmLen:162 DF

[**] [122:1:0] (portscan) TCP Portscan [**]
[Priority: 3]
06/09-21:54:41.450527 10.211.55.3 -> 10.211.55.8
PROTO:255 TTL:0 TOS:0x0 ID:13498 IpLen:20 DgmLen:162 DF

[**] [1:3000:4] NETBIOS SMB Session Setup NTMLSSP unicode asn1 overflow at-
tempt [**]
[Classification: Generic Protocol Command Decode] [Priority: 3]
06/09-21:55:04.966023 10.211.55.3:6308 -> 10.211.55.2:139
TCP TTL:240 TOS:0x10 ID:0 IpLen:20 DgmLen:556
***AP*** Seq: 0xF5BEF16F  Ack: 0x7458B3A9  Win: 0xFFFF  TcpLen: 20
[Xref => http://www.microsoft.com/technet/security/bulletin/MS04-
007.mspx][Xref => http://cgi.nessus.org/plugins/dump.php3?id=12065][Xref =>
http://cgi.nessus.org/plugins/dump.php3?id=12052][Xref =>
http://cve.mitre.org/cgi-bin/cvename.cgi?name=2003-0818][Xref =>
http://www.securityfocus.com/bid/9635][Xref =>
http://www.securityfocus.com/bid/9633]

[**] [1:538:15] NETBIOS SMB IPC$ unicode share access [**]
[Classification: Generic Protocol Command Decode] [Priority: 3]
06/09-21:55:04.975569 10.211.55.3:6308 -> 10.211.55.2:139
TCP TTL:128 TOS:0x0 ID:13594 IpLen:20 DgmLen:138 DF
***AP*** Seq: 0xF5BEF373  Ack: 0x7458B427  Win: 0xFD1D  TcpLen: 20

[**] [1:466:4] ICMP L3retriever Ping [**]
[Classification: Attempted Information Leak] [Priority: 2]
06/09-21:55:23.164517 10.211.55.3 -> 10.211.55.2
ICMP TTL:32 TOS:0x0 ID:13673 IpLen:20 DgmLen:60
Type:8 Code:0  ID:512   Seq:768  ECHO
[Xref => http://www.whitehats.com/info/IDS311]

[**] [1:2466:7] NETBIOS SMB-DS IPC$ unicode share access [**]
```

Hochschule Karlsruhe – Technik und Wirtschaft

```
[Classification: Generic Protocol Command Decode] [Priority: 3]
06/09-21:55:23.230884 10.211.55.3:6340 -> 10.211.55.2:445
TCP TTL:128 TOS:0x0 ID:13681 IpLen:20 DgmLen:138 DF
***AP*** Seq: 0xCEFDAC76  Ack: 0x18130630  Win: 0xFD21  TcpLen: 20

[**] [122:1:0] (portscan) TCP Portscan [**]
[Priority: 3]
06/09-21:55:43.158312 10.211.55.3 -> 10.211.55.8
PROTO:255 TTL:0 TOS:0x0 ID:13774 IpLen:20 DgmLen:162 DF

[**] [122:1:0] (portscan) TCP Portscan [**]
[Priority: 3]
06/09-21:56:43.658185 10.211.55.3 -> 10.211.55.8
PROTO:255 TTL:0 TOS:0x0 ID:13993 IpLen:20 DgmLen:162 DF

[**] [122:1:0] (portscan) TCP Portscan [**]
[Priority: 3]
06/09-21:57:44.373418 10.211.55.3 -> 10.211.55.8
PROTO:255 TTL:0 TOS:0x0 ID:14210 IpLen:20 DgmLen:160 DF

[**] [122:1:0] (portscan) TCP Portscan [**]
[Priority: 3]
06/09-21:58:46.247488 10.211.55.3 -> 10.211.55.8
PROTO:255 TTL:0 TOS:0x0 ID:14444 IpLen:20 DgmLen:162 DF

[**] [122:1:0] (portscan) TCP Portscan [**]
[Priority: 3]
06/09-21:59:47.397833 10.211.55.3 -> 10.211.55.8
PROTO:255 TTL:0 TOS:0x0 ID:14664 IpLen:20 DgmLen:162 DF

[**] [122:1:0] (portscan) TCP Portscan [**]
[Priority: 3]
06/09-22:00:49.745602 10.211.55.3 -> 10.211.55.8
PROTO:255 TTL:0 TOS:0x0 ID:14894 IpLen:20 DgmLen:160 DF

[**] [122:1:0] (portscan) TCP Portscan [**]
[Priority: 3]
06/09-22:01:51.578744 10.211.55.3 -> 10.211.55.8
PROTO:255 TTL:0 TOS:0x0 ID:15125 IpLen:20 DgmLen:162 DF

[**] [122:1:0] (portscan) TCP Portscan [**]
[Priority: 3]
06/09-22:02:52.973322 10.211.55.3 -> 10.211.55.8
PROTO:255 TTL:0 TOS:0x0 ID:15358 IpLen:20 DgmLen:162 DF

[**] [122:1:0] (portscan) TCP Portscan [**]
[Priority: 3]
06/09-22:03:54.104759 10.211.55.3 -> 10.211.55.8
PROTO:255 TTL:0 TOS:0x0 ID:15575 IpLen:20 DgmLen:160 DF

[**] [122:1:0] (portscan) TCP Portscan [**]
[Priority: 3]
06/09-22:04:56.077257 10.211.55.3 -> 10.211.55.8
PROTO:255 TTL:0 TOS:0x0 ID:15840 IpLen:20 DgmLen:162 DF

[**] [122:1:0] (portscan) TCP Portscan [**]
[Priority: 3]
06/09-22:05:56.589872 10.211.55.3 -> 10.211.55.8
PROTO:255 TTL:0 TOS:0x0 ID:16071 IpLen:20 DgmLen:162 DF

[**] [122:1:0] (portscan) TCP Portscan [**]
[Priority: 3]
```

Ausarbeitung zum Thema Loganalysis Tools – Datamining für die IT-Sicherheit
SSe 2009 – Dominic Hurm

```
06/09-22:06:59.589343 10.211.55.3 -> 10.211.55.8
PROTO:255 TTL:0 TOS:0x0 ID:16312 IpLen:20 DgmLen:161 DF

[**] [122:1:0] (portscan) TCP Portscan [**]
[Priority: 3]
06/09-22:07:59.140951 10.211.55.3 -> 10.211.55.8
PROTO:255 TTL:0 TOS:0x0 ID:16538 IpLen:20 DgmLen:162 DF

[**] [122:1:0] (portscan) TCP Portscan [**]
[Priority: 3]
06/09-22:08:59.829978 10.211.55.3 -> 10.211.55.8
PROTO:255 TTL:0 TOS:0x0 ID:16758 IpLen:20 DgmLen:162 DF

[**] [122:1:0] (portscan) TCP Portscan [**]
[Priority: 3]
06/09-22:10:00.564023 10.211.55.3 -> 10.211.55.8
PROTO:255 TTL:0 TOS:0x0 ID:16988 IpLen:20 DgmLen:162 DF

[**] [122:1:0] (portscan) TCP Portscan [**]
[Priority: 3]
06/09-22:11:01.289631 10.211.55.3 -> 10.211.55.8
PROTO:255 TTL:0 TOS:0x0 ID:17223 IpLen:20 DgmLen:162 DF

[**] [122:1:0] (portscan) TCP Portscan [**]
[Priority: 3]
06/09-22:12:02.462455 10.211.55.3 -> 10.211.55.8
PROTO:255 TTL:0 TOS:0x0 ID:17447 IpLen:20 DgmLen:162 DF

[**] [122:1:0] (portscan) TCP Portscan [**]
[Priority: 3]
06/09-22:13:01.853140 10.211.55.3 -> 10.211.55.8
PROTO:255 TTL:0 TOS:0x0 ID:17659 IpLen:20 DgmLen:160 DF

[**] [122:1:0] (portscan) TCP Portscan [**]
[Priority: 3]
06/09-22:14:04.584247 10.211.55.3 -> 10.211.55.8
PROTO:255 TTL:0 TOS:0x0 ID:17890 IpLen:20 DgmLen:162 DF

[**] [122:1:0] (portscan) TCP Portscan [**]
[Priority: 3]
06/09-22:15:05.531157 10.211.55.3 -> 10.211.55.8
PROTO:255 TTL:0 TOS:0x0 ID:18111 IpLen:20 DgmLen:162 DF

[**] [122:1:0] (portscan) TCP Portscan [**]
[Priority: 3]
06/09-22:16:08.112664 10.211.55.3 -> 10.211.55.8
PROTO:255 TTL:0 TOS:0x0 ID:18343 IpLen:20 DgmLen:160 DF

[**] [122:1:0] (portscan) TCP Portscan [**]
[Priority: 3]
06/09-22:17:07.539243 10.211.55.3 -> 10.211.55.8
PROTO:255 TTL:0 TOS:0x0 ID:18567 IpLen:20 DgmLen:162 DF

[**] [122:1:0] (portscan) TCP Portscan [**]
[Priority: 3]
06/09-22:18:08.267021 10.211.55.3 -> 10.211.55.8
PROTO:255 TTL:0 TOS:0x0 ID:18788 IpLen:20 DgmLen:162 DF

[**] [122:1:0] (portscan) TCP Portscan [**]
[Priority: 3]
06/09-22:19:11.477289 10.211.55.3 -> 10.211.55.8
PROTO:255 TTL:0 TOS:0x0 ID:19017 IpLen:20 DgmLen:162 DF
```

```
[**] [122:1:0] (portscan) TCP Portscan [**]
[Priority: 3]
06/09-22:20:11.186623 10.211.55.3 -> 10.211.55.8
PROTO:255 TTL:0 TOS:0x0 ID:19241 IpLen:20 DgmLen:162 DF

[**] [122:1:0] (portscan) TCP Portscan [**]
[Priority: 3]
06/09-22:21:09.159384 10.211.55.3 -> 10.211.55.8
PROTO:255 TTL:0 TOS:0x0 ID:19458 IpLen:20 DgmLen:160 DF

[**] [122:1:0] (portscan) TCP Portscan [**]
[Priority: 3]
06/09-22:22:12.215107 10.211.55.3 -> 10.211.55.8
PROTO:255 TTL:0 TOS:0x0 ID:19692 IpLen:20 DgmLen:162 DF

[**] [122:1:0] (portscan) TCP Portscan [**]
[Priority: 3]
06/09-22:23:13.493167 10.211.55.3 -> 10.211.55.8
PROTO:255 TTL:0 TOS:0x0 ID:19914 IpLen:20 DgmLen:162 DF

[**] [122:1:0] (portscan) TCP Portscan [**]
[Priority: 3]
06/09-22:24:14.701164 10.211.55.3 -> 10.211.55.8
PROTO:255 TTL:0 TOS:0x0 ID:20137 IpLen:20 DgmLen:162 DF

[**] [122:1:0] (portscan) TCP Portscan [**]
[Priority: 3]
06/09-22:25:15.481128 10.211.55.3 -> 10.211.55.8
PROTO:255 TTL:0 TOS:0x0 ID:20360 IpLen:20 DgmLen:162 DF

[**] [122:1:0] (portscan) TCP Portscan [**]
[Priority: 3]
06/09-22:26:16.745990 10.211.55.3 -> 10.211.55.8
PROTO:255 TTL:0 TOS:0x0 ID:20592 IpLen:20 DgmLen:162 DF

[**] [1:3000:4] NETBIOS SMB Session Setup NTMLSSP unicode asn1 overflow at-
tempt [**]
[Classification: Generic Protocol Command Decode] [Priority: 3]
06/09-22:27:05.215353 10.211.55.3:9688 -> 10.211.55.2:139
TCP TTL:240 TOS:0x10 ID:0 IpLen:20 DgmLen:556
***AP*** Seq: 0x8C4724A1  Ack: 0x5229DE55  Win: 0xFFFF  TcpLen: 20
[Xref => http://www.microsoft.com/technet/security/bulletin/MS04-
007.mspx][Xref => http://cgi.nessus.org/plugins/dump.php3?id=12065][Xref =>
http://cgi.nessus.org/plugins/dump.php3?id=12052][Xref =>
http://cve.mitre.org/cgi-bin/cvename.cgi?name=2003-0818][Xref =>
http://www.securityfocus.com/bid/9635][Xref =>
http://www.securityfocus.com/bid/9633]

[**] [1:538:15] NETBIOS SMB IPC$ unicode share access [**]
[Classification: Generic Protocol Command Decode] [Priority: 3]
06/09-22:27:05.225769 10.211.55.3:9688 -> 10.211.55.2:139
TCP TTL:128 TOS:0x0 ID:20778 IpLen:20 DgmLen:138 DF
***AP*** Seq: 0x8C4726A5  Ack: 0x5229DED3  Win: 0xFD1D  TcpLen: 20

[**] [122:1:0] (portscan) TCP Portscan [**]
[Priority: 3]
06/09-22:27:19.088307 10.211.55.3 -> 10.211.55.8
PROTO:255 TTL:0 TOS:0x0 ID:20833 IpLen:20 DgmLen:162 DF

[**] [1:466:4] ICMP L3retriever Ping [**]
[Classification: Attempted Information Leak] [Priority: 2]
```

```
06/09-22:27:24.517064 10.211.55.3 -> 10.211.55.2
ICMP TTL:32 TOS:0x0 ID:20856 IpLen:20 DgmLen:60
Type:8  Code:0  ID:512   Seq:1024  ECHO
[Xref => http://www.whitehats.com/info/IDS311]

[**] [1:2466:7] NETBIOS SMB-DS IPC$ unicode share access [**]
[Classification: Generic Protocol Command Decode] [Priority: 3]
06/09-22:27:24.533812 10.211.55.3:9723 -> 10.211.55.2:445
TCP TTL:128 TOS:0x0 ID:20864 IpLen:20 DgmLen:138 DF
***AP*** Seq: 0x9DB730A3  Ack: 0x2E685A19  Win: 0xFD21  TcpLen: 20

[**] [122:1:0] (portscan) TCP Portscan [**]
[Priority: 3]
06/09-22:28:18.637931 10.211.55.3 -> 10.211.55.8
PROTO:255 TTL:0 TOS:0x0 ID:21080 IpLen:20 DgmLen:162 DF

[**] [122:1:0] (portscan) TCP Portscan [**]
[Priority: 3]
06/09-22:29:19.249747 10.211.55.3 -> 10.211.55.8
PROTO:255 TTL:0 TOS:0x0 ID:21300 IpLen:20 DgmLen:162 DF

[**] [122:1:0] (portscan) TCP Portscan [**]
[Priority: 3]
06/09-22:30:21.064905 10.211.55.3 -> 10.211.55.8
PROTO:255 TTL:0 TOS:0x0 ID:21528 IpLen:20 DgmLen:162 DF

[**] [122:1:0] (portscan) TCP Portscan [**]
[Priority: 3]
06/09-22:31:21.428504 10.211.55.3 -> 10.211.55.8
PROTO:255 TTL:0 TOS:0x0 ID:21754 IpLen:20 DgmLen:162 DF

[**] [122:1:0] (portscan) TCP Portscan [**]
[Priority: 3]
06/09-22:32:22.973437 10.211.55.3 -> 10.211.55.8
PROTO:255 TTL:0 TOS:0x0 ID:21975 IpLen:20 DgmLen:162 DF

[**] [122:1:0] (portscan) TCP Portscan [**]
[Priority: 3]
06/09-22:33:23.536468 10.211.55.3 -> 10.211.55.8
PROTO:255 TTL:0 TOS:0x0 ID:22197 IpLen:20 DgmLen:162 DF

[**] [122:1:0] (portscan) TCP Portscan [**]
[Priority: 3]
06/09-22:34:25.066558 10.211.55.3 -> 10.211.55.8
PROTO:255 TTL:0 TOS:0x0 ID:22414 IpLen:20 DgmLen:160 DF

[**] [122:1:0] (portscan) TCP Portscan [**]
[Priority: 3]
06/09-22:35:25.693899 10.211.55.3 -> 10.211.55.8
PROTO:255 TTL:0 TOS:0x0 ID:22639 IpLen:20 DgmLen:162 DF

[**] [122:1:0] (portscan) TCP Portscan [**]
[Priority: 3]
06/09-22:36:26.194685 10.211.55.3 -> 10.211.55.8
PROTO:255 TTL:0 TOS:0x0 ID:22869 IpLen:20 DgmLen:162 DF

[**] [122:1:0] (portscan) TCP Portscan [**]
[Priority: 3]
06/09-22:37:29.476220 10.211.55.3 -> 10.211.55.8
PROTO:255 TTL:0 TOS:0x0 ID:23174 IpLen:20 DgmLen:162 DF

[**] [122:1:0] (portscan) TCP Portscan [**]
```

```
[Priority: 3]
06/09-22:38:28.464691 10.211.55.3 -> 10.211.55.8
PROTO:255 TTL:0 TOS:0x0 ID:23397 IpLen:20 DgmLen:162 DF

[**] [122:1:0] (portscan) TCP Portscan [**]
[Priority: 3]
06/09-22:39:29.726370 10.211.55.3 -> 10.211.55.8
PROTO:255 TTL:0 TOS:0x0 ID:23621 IpLen:20 DgmLen:162 DF

[**] [122:1:0] (portscan) TCP Portscan [**]
[Priority: 3]
06/09-22:40:32.728317 10.211.55.3 -> 10.211.55.8
PROTO:255 TTL:0 TOS:0x0 ID:23842 IpLen:20 DgmLen:160 DF

[**] [122:1:0] (portscan) TCP Portscan [**]
[Priority: 3]
06/09-22:41:31.229758 10.211.55.3 -> 10.211.55.8
PROTO:255 TTL:0 TOS:0x0 ID:24070 IpLen:20 DgmLen:162 DF

[**] [122:1:0] (portscan) TCP Portscan [**]
[Priority: 3]
06/09-22:42:34.695048 10.211.55.3 -> 10.211.55.8
PROTO:255 TTL:0 TOS:0x0 ID:24296 IpLen:20 DgmLen:162 DF
```

SnortALog V2.4.2

The log begins at :	Jun 09 20:10:00	Domains File :	conf/domains
The log ends at :	Jun 09 22:27:24		
Total of Lines in log file :	607	Number of domains :	267
Total of Logs Dropped :	97 (15.98%)	Rules File :	conf/rules
Total events in table :	40	Number of referenced rules :	2068
Source IP recorded :	3		
Destination IP recorded :	3		
Host logger recorded :	1 with 1 interface(s)		
Signatures recorded :	10		
Classification recorded :	5		
Severity recorded :	4		
Portscan detected :	0		

RED : Dangerous connection (potentially bad, further investigation needed)

ORANGE : Warning connection (strange, may need further investigation)

BLACK : Not dangerous alert (only low and unknown alert)

Distribution of event by severity

%	No	Severity
47.50	19	medium
37.50	15	low
12.50	5	high
2.50	1	unknown

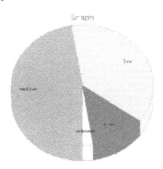

Graph

Distribution of attack by hour

Hour	No	%	Graph
20h	17	42.50	
21h	18	45.00	
22h	5	12.50	

Ausarbeitung zum Thema Loganalysis Tools – Datamining für die IT-Sicherheit
SSe 2009 – Dominic Hurm

35

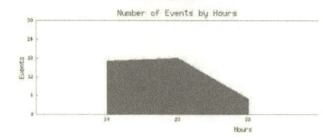

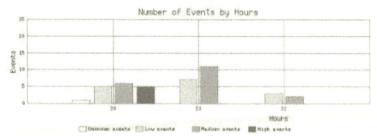

Distribution of event by protocols

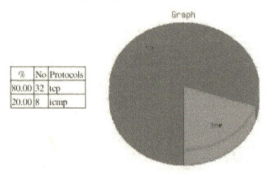

%	No	Protocols
80.00	32	tcp
20.00	8	icmp

Distribution of event by destination port

%	No	Destination Port
42.50	17	139
15.00	6	80
10.00	4	161
10.00	4	8/0

Ausarbeitung zum Thema Loganalysis Tools – Datamining für die IT-Sicherheit
SSe 2009 – Dominic Hurm

36

SnortALog V2.4.2

10.00	4	705
5.00	2	445
5.00	2	162
2.50	1	15104

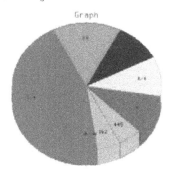

Graph

Popularity of one source host

%	No	IP Source	Resolve	Domain
85.00	34	10.211.55.3	unresolved	Unresolved
10.00	4	10.211.55.2	Dominic-Hurm-2.local	
5.00	2	10.211.55.8	hudo0011-laptop.local	

Attacks from one host to any with same method

%	No	IP Source	Attack	Severity
20.00	8	10.211.55.3	ICMP L3retriever Ping {icmp}	medium
15.00	6	10.211.55.3	NETBIOS SMB IPC$ unicode share access {tcp}	low
15.00	6	10.211.55.3	NETBIOS SMB Session Setup NTMLSSP unicode asn1 overflow attempt {tcp}	low
12.50	5	10.211.55.3	COMMUNITY WEB-MISC mod_jrun overflow attempt {tcp}	high
7.50	3	10.211.55.3	SNMP request tcp {tcp}	medium
7.50	3	10.211.55.3	SNMP AgentX/tcp request {tcp}	medium
5.00	2	10.211.55.3	NETBIOS SMB-DS IPC$ unicode share access {tcp}	low
2.50	1	10.211.55.2	DDOS mstream client to handler {tcp}	medium
2.50	1	10.211.55.8	(http_inspect) BARE BYTE UNICODE ENCODING {tcp}	unknown
2.50	1	10.211.55.8	NETBIOS SMB IPC$ unicode share access {tcp}	low
2.50	1	10.211.55.2	SNMP trap tcp {tcp}	medium
2.50	1	10.211.55.3	SNMP trap tcp {tcp}	medium
2.50	1	10.211.55.2	SNMP request tcp {tcp}	medium
2.50	1	10.211.55.2	SNMP AgentX/tcp request {tcp}	medium

Popularity of one destination host

%	No	IP Destination	Resolve
57.50	23	10.211.55.2	Dominic-Hurm-2.local
40.00	16	10.211.55.8	hudo0011-laptop.local

Ausarbeitung zum Thema Loganalysis Tools – Datamining für die IT-Sicherheit
SSe 2009 – Dominic Hurm

37

SnortALog V2.4.2

| 2.50 | 1 | 199.7.54.72 | OCSP.SFO1.verisign.com |

Attacks to one host from any with same method

%	No	IP Destination	Attack	Severity
20.00	8	10.211.55.2	ICMP L3retriever Ping {icmp}	medium
17.50	7	10.211.55.2	NETBIOS SMB IPC$ unicode share access {tcp}	low
15.00	6	10.211.55.2	NETBIOS SMB Session Setup NTMLSSP unicode asn1 overflow attempt {tcp}	low
12.50	5	10.211.55.8	COMMUNITY WEB-MISC mod_jrun overflow attempt {tcp}	high
10.00	4	10.211.55.8	SNMP AgentX/tcp request {tcp}	medium
10.00	4	10.211.55.8	SNMP request tcp {tcp}	medium
5.00	2	10.211.55.2	NETBIOS SMB-DS IPC$ unicode share access {tcp}	low
5.00	2	10.211.55.8	SNMP trap tcp {tcp}	medium
2.50	1	10.211.55.8	DDOS mstream client to handler {tcp}	medium
2.50	1	199.7.54.72	(http_inspect) BARE BYTE UNICODE ENCODING {tcp}	unknown

Attacks from a host to a destination

%	No	IP Source	IP Destination	Attack
20.00	8	10.211.55.3	10.211.55.2	ICMP L3retriever Ping {icmp}
15.00	6	10.211.55.3	10.211.55.2	NETBIOS SMB Session Setup NTMLSSP unicode asn1 overflow attempt {tcp}
15.00	6	10.211.55.3	10.211.55.2	NETBIOS SMB IPC$ unicode share access {tcp}
12.50	5	10.211.55.3	10.211.55.8	COMMUNITY WEB-MISC mod_jrun overflow attempt {tcp}
7.50	3	10.211.55.3	10.211.55.8	SNMP request tcp {tcp}
7.50	3	10.211.55.3	10.211.55.8	SNMP AgentX/tcp request {tcp}
5.00	2	10.211.55.3	10.211.55.2	NETBIOS SMB-DS IPC$ unicode share access {tcp}
2.50	1	10.211.55.2	10.211.55.8	SNMP request tcp {tcp}
2.50	1	10.211.55.3	10.211.55.8	SNMP trap tcp {tcp}
2.50	1	10.211.55.2	10.211.55.8	SNMP AgentX/tcp request {tcp}
2.50	1	10.211.55.8	199.7.54.72	(http_inspect) BARE BYTE UNICODE ENCODING {tcp}
2.50	1	10.211.55.2	10.211.55.8	SNMP trap tcp {tcp}
2.50	1	10.211.55.2	10.211.55.8	DDOS mstream client to handler {tcp}

Ausarbeitung zum Thema Loganalysis Tools – Datamining für die IT-Sicherheit
SSe 2009 – Dominic Hurm

38

SnortALog V2.4.2

2.50	1	10.211.55.8	10.211.55.2	NETBIOS SMB IPC$ unicode share access {tcp}

Distribution of attack methods

%	No	Attack	Priority	Severity
20.00	8	ICMP L3retriever Ping {icmp}	2	medium
17.50	7	NETBIOS SMB IPC$ unicode share access {tcp}	3	low
15.00	6	NETBIOS SMB Session Setup NTMLSSP unicode asn1 overflow attempt {tcp}	3	low
12.50	5	COMMUNITY WEB-MISC mod_jrun overflow attempt {tcp}	1	high
10.00	4	SNMP request tcp {tcp}	2	medium
10.00	4	SNMP AgentX/tcp request {tcp}	2	medium
5.00	2	NETBIOS SMB-DS IPC$ unicode share access {tcp}	3	low
5.00	2	SNMP trap tcp {tcp}	2	medium
2.50	1	DDOS mstream client to handler {tcp}	2	medium
2.50	1	(http_inspect) BARE BYTE UNICODE ENCODING {tcp}	2	unknown

Distribution of classification method

%	No	Classification	Severity
45.00	18	Attempted Information Leak	medium
37.50	15	Generic Protocol Command Decode	low
12.50	5	Web Application Attack	high
2.50	1	http_inspect	unknown
2.50	1	Attempted Denial of Service	medium

Attacks by hour

%	No	Hour	Attack
12.50	5	20h	COMMUNITY WEB-MISC mod_jrun overflow attempt {tcp}
10.00	4	21h	ICMP L3retriever Ping {icmp}
7.50	3	21h	SNMP AgentX/tcp request {tcp}
7.50	3	20h	NETBIOS SMB IPC$ unicode share access {tcp}
7.50	3	21h	NETBIOS SMB Session Setup NTMLSSP unicode asn1 overflow attempt {tcp}
7.50	3	21h	SNMP request tcp {tcp}
7.50	3	21h	NETBIOS SMB IPC$ unicode share access {tcp}
5.00	2	22h	ICMP L3retriever Ping {icmp}
5.00	2	20h	NETBIOS SMB Session Setup NTMLSSP unicode asn1 overflow attempt {tcp}
5.00	2	20h	ICMP L3retriever Ping {icmp}
2.50	1	22h	NETBIOS SMB-DS IPC$ unicode share access {tcp}
2.50	1	20h	(http_inspect) BARE BYTE UNICODE ENCODING {tcp}
2.50	1	20h	SNMP AgentX/tcp request {tcp}
2.50	1	20h	DDOS mstream client to handler {tcp}
2.50	1	22h	NETBIOS SMB Session Setup NTMLSSP unicode asn1 overflow attempt {tcp}

Ausarbeitung zum Thema Loganalysis Tools – Datamining für die IT-Sicherheit
SSe 2009 – Dominic Hurm

SnortALog V2.4.2

2.50	1	22h	NETBIOS SMB IPC$ unicode share access {tcp}
2.50	1	20h	SNMP request tcp {tcp}
2.50	1	21h	SNMP trap tcp {tcp}
2.50	1	21h	NETBIOS SMB-DS IPC$ unicode share access {tcp}
2.50	1	20h	SNMP trap tcp {tcp}

Attacks to one destination port

%	No	Port	Attack
17.50	7	139	NETBIOS SMB IPC$ unicode share access {tcp}
15.00	6	139	NETBIOS SMB Session Setup NTMLSSP unicode asn1 overflow attempt {tcp}
12.50	5	80	COMMUNITY WEB-MISC mod_jrun overflow attempt {tcp}
10.00	4	705	SNMP AgentX/tcp request {tcp}
10.00	4	139	ICMP L3retriever Ping {icmp}
10.00	4	80	ICMP L3retriever Ping {icmp}
10.00	4	161	SNMP request tcp {tcp}
5.00	2	162	SNMP trap tcp {tcp}
5.00	2	445	NETBIOS SMB-DS IPC$ unicode share access {tcp}
2.50	1	80	(http_inspect) BARE BYTE UNICODE ENCODING {tcp}
2.50	1	15104	DDOS mstream client to handler {tcp}

Number of occurrences by type of log

%	No	Type
97.50	39	snort_signature
2.50	1	snort_processor

Version: 2.4.2
Jeremy CHARTIER, Date: 04/02/2007 14:52:11

Ausarbeitung zum Thema Loganalysis Tools – Datamining für die IT-Sicherheit
SSe 2009 – Dominic Hurm

40

```
# $Id: fwlogwatch.config,v 1.53 2004/03/23 13:09:21 bw Exp $
#
# Sample fwlogwatch configuration file
#
# The values filled in or mentioned in the description are the default
values,
# you only need to uncomment an option if you change it's value.
# Valid parameters to binary options are on/yes/true and off/no/false.
# Whitespace and comments are ignored anywhere in the file, case does not
# matter.


### Include files ###
# The option 'include_file' can be used to include external configuration
# files.
#
#include_file =


### Global options ###
# Use 'verbose' if you want extra information and log messages.
# Use it twice for even more info. fwlogwatch is quiet by default.
# Command line option: -v[v]
#
#verbose = no
#verbose = no

# Use 'resolve hosts' if you want IP addresses looked up in the DNS (output
# will be slower).
# 'resolve_services' enables lookup of port numbers in /etc/services.
# Command line options: -n / -N
#
#resolve_hosts = no
#resolve_services = no

# Specify the input file(s) if you don't want to use the default. Use one
line
# for each file. Compressed files (gzip) are supported. You can use '-' for
# standard input (stdin).  In realtime response mode the daemon needs the
# absolute path to the file.
# Command line option: [file(s)]
#
input = /var/log/snort/alert2


### Evaluation options ###
# You can select which parsers you want to use if you don't want fwlogwatch
# to check for all known log formats. You can choose one or a combination
# of:
#
# i ipchains
# n netfilter
# f ipfilter
# c Cisco IOS
# p Cisco PIX
# e NetScreen
# w Windows XP
# l Elsa Lancom
```

```
# s Snort
#
# Command line option: -P <format>
#
parser = sinfcpewl

# The following six options define which criteria will be considered when
# comparing logged packets. You can turn off the source or destination IP
# address distinction ('src_ip'/'dst_ip') or activate the protocol, source
# and destination port and TCP option distinction
# ('protocol'/'src_port'/'dst_port'/'tcp_opts').
# Command line options: -S / -D / -p / -s / -d / -y
#
src_ip = on
dst_ip = on
protocol = on
src_port = on
dst_port = on
#tcp_opts = off

# The following eight options permit to select and/or exclude certain
# hosts or ports. Rules can be added and combined, source and destination
# hosts and ports are differentiated, specifying networks is possible in
# CIDR format.
# Command line option: -E <format>
#
#exclude_src_host =
#exclude_src_port =
#exclude_dst_host =
#exclude_dst_port =
#include_src_host =
#include_src_port =
#include_dst_host =
#include_dst_port =

# The following four options permit to include and/or exclude chain and
# branch (target) strings such as "input", "forward", "output" and
# "accept", "deny", "pass", "block", "p", etc. Use one string per line
# without quotes. Including a string causes all others to be excluded.
# Command line option: -E <format>
#
#exclude_chain =
#include_chain =
#exclude_branch =
#include_branch =


### Sorting options ###
# Since the sort algorithm used is stable you can sort several times,
# entries that are equal for the primary criteria will be sorted by the
# next criteria. The sort string can be composed of 11 fields of the form
# 'ab' where 'a' is the sort criteria:
#
# c count
# t start time
# e end time
# z duration
# n target name
# p protocol
# b byte count
# S source host
# s source port
```

```
# D destination host
# d destination port
#
# and 'b' the order:
#
# a ascending
# d descending
#
# Sorting is done in the given sequence, so the last option is the primary
# criteria. If you don't use the 'sort_order' option the summary mode
# default 'tacd' will be used (start with the highest count, if two counts
# match list the one earlier in time first), of which 'ta' is built in, so
# if you specify an empty sort string or everything else is equal entries
# will be sorted ascending by time. In realtime response mode the default
# is 'cd'.
#
# Command line option: -O <order>
#
#sort_order =


### Output options ###
# With the option 'title' you can change the title of the summary and the
# status page and the subject of summaries sent by email.
# The default title in summary mode is 'fwlogwatch summary' and in realtime
# response mode it is 'fwlogwatch status'.
#
title = Snort Log Analyse

# With the option 'stylesheet' you can make fwlogwatch omit the inline CSS
# used to define the page colors and reference an external stylesheet.
# In summary mode the string you specify will be taken as it is and used in
a
# link tag, in realtime response mode this only happens if it is an
external
# URL and starts with "http", else a local file will be assumed and
embedded
# at the corresponding position.
#
#stylesheet =

# With the following four options you can customize the colors of the HTML
# output (summary and realtime response status page), use the RGB value
# with '#' or directly one of the 16 basic HTML color names (aqua black
# blue fuchsia gray green lime maroon navy olive purple red silver teal
# white yellow).
#
textcolor = white
bgcolor = black
rowcolor1 = #555555
rowcolor2 = #333333


### Log summary mode ###
# Use 'data_amount' if you want so see the sum of total packet lengths for
# each entry (this obviously only works with log formats that contain this
# information).
# Command line option: -b
#
data_amount = yes

# Use 'start_times' and/or 'last_times' if you want to see the timestamp
```

```
# of the first and/or last logged packet of each entry.
# Command line options: -t / -e
#
start_times = yes
end_times = yes

# Use 'duration' if you want to see the time interval between the first and
# the last connection attempt of the current entry.
# Command line option: -z
#
duration = yes

# Use 'html' to enable HTML output.
# Command line option: -w
#
html = yes

# Specify the name of an output file
# Command line option: -o <file>
#
output = /var/log/snort/test.html

# Use 'recent' to ignore events older than a certain time (off by default).
# The default unit is seconds.
# Units: m = minutes, h = hours, d = days, w = weeks, M = months, y =
years.
# Command line option: -l <time>
#
#recent =

# Use 'at_least' to hide entries that have a small number of counts (useful
# when analyzing large log files).
# Command line option: -m <count>
#
#at_least = 1

# Use 'maximum' to limit the number of entries shown (e.g. for a "top 20"),
# restricted by the 'at_least' option. Zero shows all entries.
# Command line option: -M <number>
#
#maximum = 0

# Use 'whois_lookup' if you want information about the source IP addresses
# looked up in the whois database (this is slow, please don't stress the
# registry with too many queries).
# Command line option: -W
#
#whois_lookup = no


### Interactive report mode ###
# Use 'interactive' to turn this mode on, a summary of entries that exceed
# the threshold will be shown first, then you will be presented with each
# report and options to modify and send it.
# Command line option: -i <count>
#
#interactive =

# Use 'sender' to specify your email address for abuse reports.
# The default is <user>@<hostname>.
# Command line option: -F <email>
#
```

```
#sender =

# Use 'recipient' to specify the email address of the abuse contact or CERT
# you want to send reports to. If used in log summary mode the summary will
# be sent to this address by email (in plain text or HTML as selected with
# the -w option and the content of the title option as subject).
# Command line option: -T <email>
#
#recipient =

# You can use 'cc' to send a carbon copy of the report (e.g. to you for
# your archives or a second abuse or CERT contact).
# Command line option: -C <email>
#
#cc =

# Use 'template' to specify the template file you want to use to surround
# the report if you don't want to use the default.
# The line '# insert report here' in the template will be
# replaced with the report.
# Command line option: -I <file>
#
#template = /etc/fwlogwatch.template


### Realtime response mode ###
# Use 'realtime_response' to turn this mode on. You can change the
# configuration file while fwlogwatch is running and have it reread it
# by sending the HUP signal.
# Command line option: -R
#
realtime_response = yes

# If 'ipchains_check' is activated (and the ipchains parser is selected),
# fwlogwatch will verify that ipchains rules are set up correctly.
#
#ipchains_check = no

# With the 'pidfile' option you can specify a file fwlogwatch will use to
# keep it's PID so it can receive signals from scripts. If not specified it
# will not be created.
# Suggested value: /var/run/fwlogwatch.pid
#
pidfile = /var/run/fwlogwatch.pid

# Use the 'run_as' option to make fwlogwatch capable of binding a
# privileged port and opening a protected log file as root and then (as
# daemon) change it's user and group ID to a non-privileged user (a
security
# feature). Please note that reopening a protected log file (e.g. after a
# kill -USR1) will not be possible once privileges are released. Also
# remember that you can use fwlogwatch without status web server or with an
# unprivileged port and with enough permissions to read a log file to run
it
# entirely as user, but you will not be able to execute response scripts
# that need root privileges (e.g. to modify a firewall).
# Suggested value: nobody
#
#run_as =

# The option 'stateful_start' is enabled by default and causes fwlogwatch
# to read in the full log file at start and remember all entries that are
```

```
# within the 'recent' parameter (and notify and/or react to them if
# configured to do so). When disabled, fwlogwatch will jump to the end of
# the log file and start with an empty packet cache.
#
#stateful_start = yes

# Use 'alert_threshold' to define how many connections must happen (within
# the 'forget' time range) to activate an alert/response.
# Command line option: -a <count>
#
#alert_threshold = 5

# Use the option 'recent' as in log summary mode above to control how long
# an event should be relevant. After the specified time it is forgotten and
# if another connection attempt is started it is treated as new. The
default
# for 'recent' in realtime response mode is 1 day.
# Command line option: -l
#
#recent =

# An alert is logged to syslog by default, you can add predefined and/or
# custom notification and response functions using the fwlw_notify and
# fwlw_respond scripts that are executed if 'notify' and 'respond'
# respectively are specified here.
# Command line options: -A / -B
#
#notify = yes
#respond = yes

# Alternative paths for the notification and response scripts can be
# specified with the 'notification_script' and 'response_script' options.
#
#notification_script = /usr/local/sbin/fwlw_notify
#response_script = /usr/local/sbin/fwlw_respond

# Known hosts are those that will not be warned about or actions taken
# against, even if they match the alert/response criteria.
# Use 'known_host' for your trusted gateways, peers and DNS servers (this
# is an anti-spoofing measure). You can specify single IP addresses or
# networks in CIDR notation (e.g. 192.168.1.0/24).
# Command line option: -k <IP/net>
#
#known_host =
#known_host =

# You can see which hosts fwlogwatch knows about and which ones it is
# watching at any time through it's web interface. Use the 'server_status'
# option to activate the web server in fwlogwatch, 'bind_to' is the IP
# address of the interface to be bound (defaults to the local host, 0.0.0.0
# means all), 'listen_port' is the port it will listen on. 'listen_to'
# allows to restrict access to a single IP address. fwlogwatch will want to
# authenticate the user, that's what 'status_user' and 'status_password'
# are for. The password must be a standard Unix DES encrypted password
# including salt, you can for example use
# htpasswd -nb user password
# to generate one. Finally, 'refresh' activates automatic reloading of the
# status page, the parameter is the time in seconds.
# Command line option: -X <port>
#
server_status = yes
bind_to = 127.0.0.1
```

```
listen_port = 888
#listen_to =
status_user = admin
status_password = FH0RRC.rCL2c.
#refresh =


### Show log times mode ###
# Use this mode to display the number of lines and the time of the first
and
# last entry in a log file. Unlike the summary mode report this does not
show
# the time of the first and last packet log entry but the time of the first
# and last entry overall. No other action is performed. Compressed files
# (gzip) are supported. Use the command line and/or the input option  to
# specify the files to show.
# Command line option: -L
#
#show_log_times


### EOF ###
```

BEI GRIN MACHT SICH IHR
WISSEN BEZAHLT

- Wir veröffentlichen Ihre Hausarbeit,
  Bachelor- und Masterarbeit

- Ihr eigenes eBook und Buch -
  weltweit in allen wichtigen Shops

- Verdienen Sie an jedem Verkauf

Jetzt bei www.GRIN.com hochladen
und kostenlos publizieren